Petit manuel anti-prises de tête

Réussir et vivre dans la bonne humeur

Christophe Lunacek
Jean Rambaud

Petit manuel anti-prises de tête

Réussir et vivre dans la bonne humeur

Postface de Michael Apter

InterEditions

Retrouvez tous nos ouvrages sur le site:
http://www.intereditions.com

Illustrations de couverture: Franck Boston/Shutterstock.com

InterEditions est une marque de
Dunod Editeur, 5 rue Laromiguière, 75005 Paris

ISBN 978-2-7296-1381-5

SOMMAIRE

Introduction

Prise de tête ? Retrouvez votre « bonne » humeur grâce à la méthode Apter

SE PRENDRE LA TÊTE, C'EST ÊTRE EN CONTRADICTION avec nous-même ou avec les autres avec le sentiment que nous n'y pouvons rien ou pas grand-chose. Cela se traduit par une forme de mauvaise humeur générale qui nous empêche de vivre normalement ou de nous concentrer, voire de dormir.

Prise de tête

Dans ce livre, vous apprendrez à vous en sortir de façon à la fois surprenante et simple : vous n'êtes pas « comme ça », c'est **votre humeur du moment qui détermine votre perception des choses.** La « bonne » humeur est au bout de sa lecture. Vous y apprendrez en effet que derrière chaque humeur ou état d'esprit, se cache **un état mental régi par des motivations, des désirs**, des valeurs et des sensations propres.

En apprenant à reconnaître dans quel état mental vous êtes, vous deviendrez capable de diriger vos désirs dans des directions plus adaptées à ce qui vous arrive.

Alors profitez-en ! Et pour vous faciliter les choses, nous avons agrémenté votre parcours d'exemples issus de faits réels, d'exercices pratiques et de quelques dessins.

Ne tardez pas plus longtemps, découvrez le monde d'Apter et soyez assurés que, à l'issue de ce livre, vous ne verrez plus jamais les choses qui vous arrivent de la même façon...

Le petit manuel

POUR EN FINIR AVEC LES PRISES DE TÊTE

Bonne nouvelle : quand une façon d'être est désagréable, il y a 7 autres possibilités agréables qui attendent !

Monsieur Regard et ses huit façons d'être

1

« TOUS OCTOPOLAIRES » !

Il y a 8 façons de vivre une situation : la prise de tête arrive quand nous restons figés sur la mauvaise

Scène de ménage

Vous êtes dans le métro et pressée de rentrer chez vous où votre fiancé vous attend avec un bon dîner. Un musicien ambulant monte dans le wagon et entame le *Boléro* de Ravel. D'ordinaire, vous adorez ce morceau. Ce n'est pas mal joué, mais vous vous sentez prise d'une sorte d'agacement. Le rythme lancinant de la musique n'arrange pas les choses et vous comptez les secondes en attendant que le musicien s'arrête. Vous pensez : *Comment ce morceau, que j'aime tant d'habitude, peut-il soudain m'être insupportable ?* Vous parvenez à destination et l'air frais vous remet de bonne humeur ; même le chemin de la gare, habituellement si sinistre, retrouve un certain charme. Tiens, vous n'aviez guère prêté attention par le passé à tous ces balcons fleuris. À votre arrivée, votre fiancé vous interpelle gaiement depuis la salle de bain : « Tu es passée chez le japonais ? J'ai faim, moi... »

Oh, comme vous pouvez le détester dans ces moments-là ! Il devait s'occuper du dîner et s'est précipité sous la douche, bien content de se décharger de la corvée sur vous. Vous êtes furieuse. Vous lui criez : « Si tu as faim, tu n'as qu'à y aller toi-même ! »

Après le *Boléro* honni, la rue aux charmes cachés, voilà maintenant l'amour vache. Trois bonnes raisons de vous servir un bon verre de vin, en espérant qu'il ne se mette pas lui aussi à vous jouer des tours. Vous vous détendez peu à peu et vous étonnez de la violence de votre colère. Que vous adoriez ou détestiez Ravel, après tout, peu importe. Mais que vous soyez capable de haïr votre compagnon autant que vous l'aimez ? Ces sentiments contradictoires sont-ils une base solide et saine pour engager votre avenir avec lui, ou elle ?

Cette petite histoire imaginaire, racontée au féminin mais qui se vit aussi bien au masculin, illustre le problème de tous ces dilemmes quotidiens qui nous contrarient souvent, et nous gâchent la vie parfois. Elle soulève trois questions : pourquoi une même situation peut-elle être perçue de façons aussi contradictoires ? Pourquoi ces contradictions débouchent-elles sur des prises de tête ? Comment y échapper ?

GARE À LA LOGIQUE « SOIT..., SOIT..., DONC... »

Le problème vient de ce que nous nous enfermons dans une logique « soit..., soit... » : *soit* j'aime le Boléro de Ravel, *soit* je ne l'aime pas ; *soit* l'être cher est quelqu'un de bien, *soit* il ne l'est pas. La prise de tête commence avec les conséquences qui en découlent : s'il est quelqu'un de bien, il ne devrait pas me faire ce genre de coup à répétition ; mais il le fait. S'il n'est pas quelqu'un de bien, je ne devrais pas rester avec lui ; or je l'aime. Et nous voilà dans l'impasse.

La logique du « soit..., soit... » débouche sur un « donc... », qui la bloque. Pour y échapper, il faut stopper le processus du « donc » et, examiner l'alternative de départ sous l'angle des désirs qui la rendent contradictoire.

Exercice – Repérer les désirs contradictoires

Commençons par les repérer dans la petite histoire imaginaire qui nous occupe. À votre avis, dans le tableau ci-dessous, quelle est pour chaque étape la direction dans laquelle est orienté le désir, et quel est le désir opposé qui est alors ignoré ?

Pour vous mettre sur de bons rails, nous vous proposons les 8 désirs en 4 paires de désirs opposés notés a1-a2, ..., d1-d2 :

a1 : Atteindre un but

a2 : Vibrer du plaisir de l'instant

b1 : Faire comme il faut

b2 : S'opposer

c1 : Gagner, dominer

c2 : Prendre soin

d1 : Défendre son intérêt

d2 : Défendre l'intérêt d'autrui

Repérer les désirs contradictoires

Situations	**Désirs satisfaits**	**Désirs ignorés**
1. Vous êtes dans le métro et pressé(e) d'arriver.		
2. Le morceau de Ravel vous agace, vous voudriez que le musicien cesse de jouer.		
3. Pourtant vous ne dites rien.		
4. Dehors, vous vous sentez soulagé(e).		
5. Vous appréciez de marcher dans cette rue qui vous semble agréable.		
6. Chez vous, la question de votre conjoint vous met hors de vous.		
7. Vous ne vous contenez pas et lui dites votre façon de penser.		
8. Puis vous vous détendez avec un verre de vin.		

Les réponses vous sont proposées page 8.

Êtes-vous arrivé à ceci ?

Situations	Désir satisfait	Désir ignoré
1. Vous êtes dans le métro et pressé(e) d'arriver.	Atteindre un but (Frustré)	Vibrer
2. Le morceau de Ravel vous agace, vous voudriez que le musicien cesse de jouer.	Atteindre un but (Frustré)	Vibrer
3. Pourtant vous ne dites rien.	S'intégrer (Frustré)	S'opposer
4. Dehors, vous vous sentez soulagé(e).	Atteindre un but (Satisfait)	Vibrer
5. Vous aimez marcher dans cette rue qui vous semble agréable.	Vibrer (Satisfait)	Atteindre un but
6. Chez vous, la question de votre conjoint vous met hors de vous.	Atteindre un but (Frustré)	Vibrer
7. Vous ne vous contenez pas et dites à votre ami(e) votre façon de penser.	S'opposer (Satisfait)	S'intégrer
8. Puis vous vous détendez avec un verre de vin.	Atteindre un but (Satisfait)	Vibrer

DANS QUELS ÉTATS J'ERRE ? DÉSIR, ÉTAT MENTAL ET PRISE DE TÊTE

Il y a de quoi être troublé : non seulement nos désirs changent, mais parfois même de manière radicale, voire opposée. Par exemple : d'habitude, vous aimez le morceau de Ravel et là non. Pourquoi ?

Sans doute parce que d'habitude, vous n'attendez sans doute pas avec impatience qu'il finisse. Ce qui est le cas ici, dans le métro. Ce n'est donc pas le morceau de Ravel qui soudain n'a plus grâce à vos yeux, mais plutôt le fait d'être pressé d'arriver qui vous met dans un état mental impropre à écouter du Ravel ?

Nos désirs sont liés à l'état mental dans lequel nous sommes.

Qu'appelons-nous un état mental ?

C'est une disposition d'esprit, une forme de posture mentale, orientée par un désir, qui conduit nos façons de voir, de penser et de ressentir.
Un état mental est donc une manière d'être et non uniquement une façon de faire ou de se comporter.

Ces états mentaux sont au nombre de huit et à chacun d'eux correspond un désir particulier :

1. Dans l'état **Sérieux**, nous désirons un but qui a du sens, éprouver le plaisir d'aspirer à **atteindre** ce but.
2. Dans l'état **Enjoué** nous désirons jouir de l'instant et **vibrer** au plaisir de l'excitation.
3. Dans l'état **Conforme**, nous désirons faire « comme il faut » et éprouver le plaisir d'être **intégré**.
4. Dans l'état **Transgressif** nous désirons nous **opposer** et éprouver le sentiment d'être libre.
5. Dans l'état **Maîtrise,** nous désirons **gagner** et éprouver le plaisir de contrôler ce qui arrive.
6. Dans l'état **Sympathie**, nous désirons **prendre soin** de soi ou des autres et éprouver le plaisir de donner ou de recevoir.
7. Dans l'état **Soi,** nous désirons préserver nos propres intérêts et éprouver le plaisir d'exister, d'être reconnu.
8. Dans l'état **Autrui,** nous désirons servir les intérêts de l'**autre** et éprouver le plaisir de nous identifier à l'autre.

Nous pouvons changer d'état mental en orientant nos désirs dans une direction ou dans une autre. Ces désirs sont figurés dans la boussole suivante.

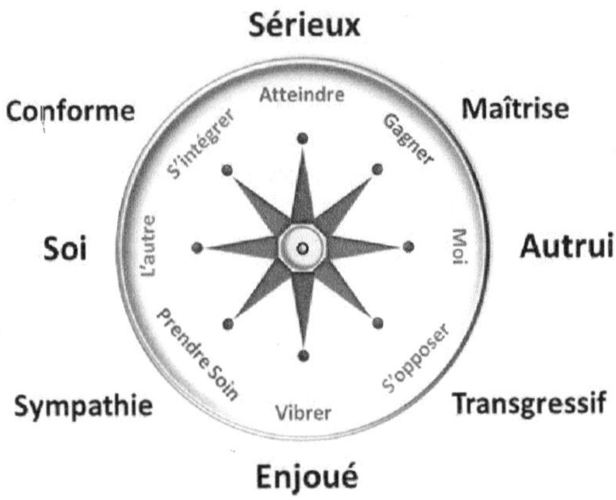

Les désirs dans tous leurs états

Situations	Désirs	États mentaux
1. Vous êtes dans le métro et pressé(e) d'arriver.	Atteindre un but (Frustré)	Sérieux
2. Le morceau de Ravel vous agace, vous voudriez que le musicien cesse de jouer.	Atteindre un but (Frustré)	Sérieux
3. Pourtant vous ne dites rien.	S'intégrer (Frustré)	Conforme
4. Dehors, vous vous sentez soulagé(e).	Atteindre un but (Satisfait)	Sérieux
5. Vous aimez marcher dans cette rue qui vous semble agréable.	Vibrer (Satisfait)	Enjoué
6. Chez vous, la question de votre conjoint vous met hors de vous.	Atteindre un but (Frustré)	Sérieux
7. Vous ne vous contenez pas et dites à votre ami(e) votre façon de penser.	S'opposer (Satisfait)	Transgressif
8. Puis vous vous détendez avec un verre de vin.	Atteindre un but (Satisfait)	Sérieux

Ainsi, par exemple, être pressé d'arriver, signifie que l'on est frustré dans l'état Sérieux. Reprenons notre tableau. Vous allez découvrir comment les désirs se sont orientés tout au long de notre récit et pourquoi par conséquent les contradictions qui vous étonnent apparaissent.

REPÉRER LES OPPOSITIONS DE DÉSIRS, POINT D'ENTRÉE DE LA PRISE DE TÊTE

Lorsque plus tard, vous prenez un peu de recul et vous demandez comment il est possible de ressentir des choses aussi différentes, vous pouvez repérer les oppositions de désirs :

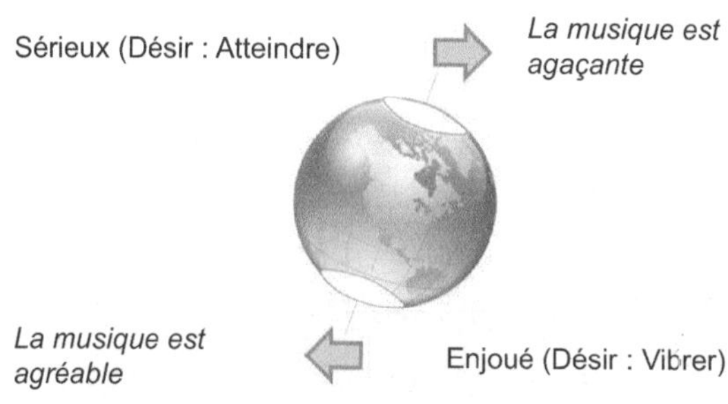

Les désirs opposés des états Sérieux et Enjoué

Ces oppositions sont symétriques et exclusives. D'où leur figuration sous la forme de pôles. Ainsi, la boussole des désirs figure l'état Sérieux (désir d'atteindre) à l'opposé de l'état Enjoué (désir de vibrer).

Nos états mentaux sont organisés en paires de désirs opposés, comme désirer atteindre un but ou désirer faire le chemin (la destination ou le voyage).

Dans notre exemple, vous avez pris l'habitude d'écouter le morceau dans l'état Enjoué ; dans le métro, pressé d'arriver, vous êtes dans l'état Sérieux, et le musicien vous agace. Plus tard, peut-être, vous mettrez-vous à douter de l'avoir jamais aimé, et de cette incohérence injustifiée pourra ensuite naître une prise de tête...

Sortir d'une prise de tête : vous avez le choix

À moins que vous n'acceptiez l'idée de cette « bipolarité ». S'il devient possible pour vous de vivre de façons tout à fait opposées un même événement, vous vous demanderez alors : quel est le meilleur état dans lequel je peux vivre cet événement ?

- Pour apprécier pleinement ce morceau, je dois être dans l'état Enjoué.
- Quand, dans le métro, je suis pressé d'arriver (désir d'atteindre mon but) et dans l'état Sérieux, le morceau de musique ne m'est pas agréable ; c'est normal.
- J'ai le choix ! Entre **changer la situation** en faisant taire le musicien (ou en mettant des boules Quies) et **changer d'état mental :** retrouver le plaisir du morceau que j'aime, en me focalisant sur les tonalités, le rythme, les souvenirs qu'ils m'évoquent.

De même, vous pourriez aussi être troublé de vous être retenu avec le musicien dans le métro et de vous être lâché avec votre conjoint. Qu'en déduire alors ? Que vous êtes moins tolérant avec les gens que vous aimez qu'avec les inconnus ? Que vous n'êtes pas normal ? Encore une prise de tête.

En réalité, vous passez d'un état (Conforme) à son opposé (Transgressif). Lorsque vous concevez les deux perceptions, il est tout à fait normal qu'elles vous paraissent contradictoires.

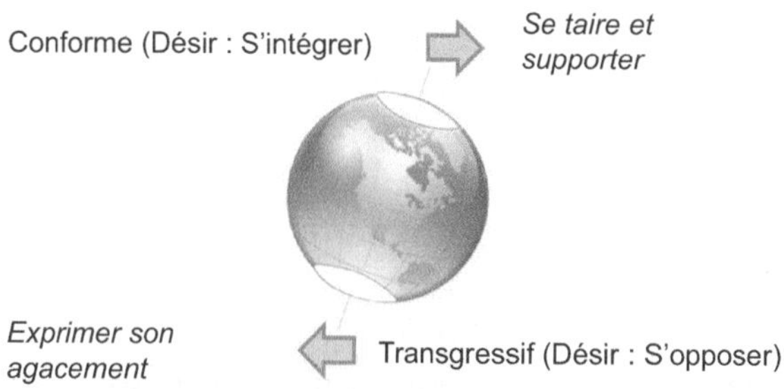

Les désirs opposés des états Conforme et Transgressif

En effet, et vous le constatez sans doute souvent, selon votre « humeur » (état mental), vous allez dépasser ou non la limitation de vitesse, dire ou ne pas dire à un ami que vous n'avez pas envie d'aller au cinéma, manger ou pas ce morceau de chocolat de trop... Au moment où l'occasion se présente, l'un des deux termes opposés prend le dessus et vous basculez d'un pôle à l'autre.

Dans notre petite histoire, vous ne dites rien au musicien. Ce qui est important *à ce moment-là*, c'est de ne pas vous faire remarquer, de ne pas faire de scandale, ou de respecter les bonnes manières. Et peu importe, *à ce moment précis*, que vous ayez ou non envie d'exprimer votre désaccord.

Mais lorsque votre ami vous fait le coup du traiteur japonais, vous osez l'envoyer sur les roses. *À ce moment-là*, ce qui est important pour vous, c'est de vous opposer, peu importe que cela se fasse ou non.

Sortir d'une prise de tête : qu'est-ce qui est important ?

Ces pôles s'opposent en termes de désirs et de valeurs.

A Apprendre

Des pôles opposés

Valeur	Désir	États	Désir	Valeur
Devoir	S'intégrer	← Conforme		
		Transgressif →	S'opposer	Liberté
Résultat	Atteindre	← Sérieux		
		Enjoué →	Vibrer	L'instant

Et pour ne pas se prendre la tête, une des solutions faciles à appliquer est la question des valeurs : **Qu'est-ce qui est important pour moi dans cette situation ?**

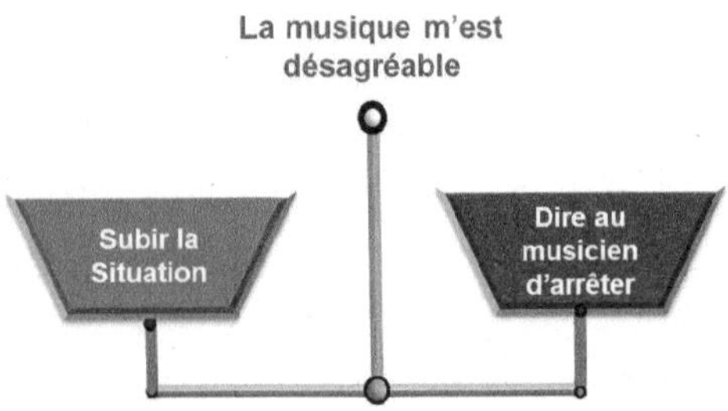

Changer la situation ou la subir

Cette question vous permettra de prendre du recul par rapport à l'orientation de votre désir dans l'instant et de mieux le diriger dans le sens qui vous semblera alors le plus adapté[1].

Sans ce recul, vous vous enfermerez dans une logique « soit – soit » tout à fait nuisible puisqu'elle vous conduira à soit dire au musicien de se taire (ce que vous ne voulez pas faire), soit à subir le désagrément de sa prestation musicale :

1. Ce n'est pas toujours suffisant, bien sûr, mais cela vaut le coup d'essayer. De nombreux problèmes de la vie courante y trouvent leur résolution. Pour les situations plus difficiles, nous apporterons plus loin dans le livre d'autres techniques en complément.

Tandis que si vous y parvenez, vous vous ouvrirez à un plus large choix de possibilités et vous vous donnerez un choix plus sain :

Ce qui est important pour moi, c'est ma liberté et donc d'exprimer mon opposition	*Ce qui est important pour moi est d'abord de respecter les règles et ensuite de profiter de l'instant*

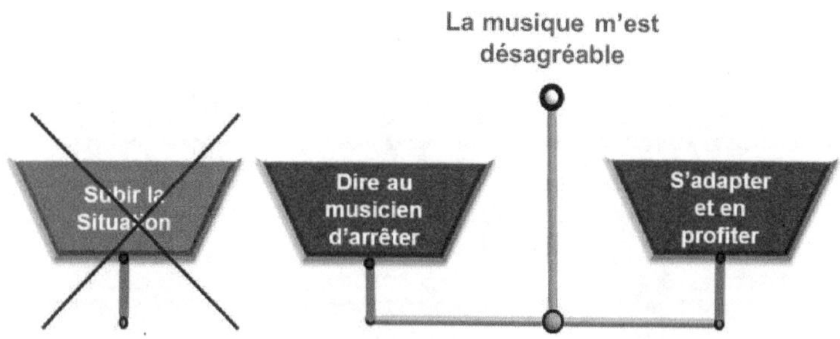

Refuser de subir et se donner un choix sain

Grâce à cette ouverture d'esprit, vous pourrez relativiser votre sentiment à l'égard de votre conjoint suite à cet incident. C'est parce que vous étiez dans « tous vos états » (Sérieux et Transgressif, en l'occurrence), que vous vous êtes mis à percevoir cette situation de façon désagréable. Dans un autre état d'esprit, vous n'auriez pas réagi de la sorte. Plutôt que de porter des jugements hâtifs et inconscients des états qui nous les dictent, pourquoi ne pas plutôt :

- prendre conscience de ces états, mais aussi examiner d'autres façons de voir ;
- pour prendre des décisions sur des fondements moins erratiques en évaluant vos options à l'aune de ce qui est important pour vous.

Cela vous évitera aussi de généraliser sur vos propres travers (« Je suis lâche car j'ose disputer mon conjoint mais pas un inconnu ») et de finir par vous forger une fausse idée de vous-même (« je suis comme ça »).

« Le bonheur dépend... »

BIPOLAIRE ET MÊME OCTOPOLAIRE[1] : AUTRE BONNE NOUVELLE, NOUS SOMMES CHANGEANTS

Nous venons d'examiner les deux paires Sérieux/Enjoué et Conforme/Transgressif avec leurs polarités respectives : des désirs différents et opposés. Ces mêmes polarités se retrouvent avec les deux paires suivantes (Soi/Autrui et Maîtrise/Sympathie). Pour les étudier, nous allons nous intéresser à un autre cas, une petite histoire dans laquelle vous vous reconnaîtrez aisément si vous avez des enfants, ou si vous vous souvenez de celui que vous étiez il n'y a pas si longtemps.

1. Octopolaire, d'*octo*, huit en grec. Huit polarités et donc huit façons distinctes de vivre ce qui nous arrive.

Vous avez oublié le dîner dans le four

Supposons que vous soyez animé d'un amour inconditionnel pour vos enfants. Ce soir, leurs chamailleries vous amusent. Ils renchérissent à vos sourires, vous les regardez d'un air ballot, vous remémorant le bon temps où vous-même, enfant... quand soudain, une vague odeur de brûlé vous rappelle que vous avez oublié le dîner dans le four. C'est un désastre : le gratin est complètement carbonisé. Ah les petites pestes, à cause d'eux, il va falloir trouver autre chose dans le congélateur (il est vide) et puis tout nettoyer (inutile, le plat est fichu). C'est le moment qu'ils choisissent pour entrer dans la cuisine et poursuivre leur incessante dispute. Vous ne maîtrisez plus votre colère et ne savez pas ce qui vous retient de les punir (au choix : privation de télé pendant une semaine, suppression des iPod, interdiction de Facebook...). Mais ils vous regardent avec un tel ahurissement que cela vous fait rire et qu'en un instant, vous oubliez le dîner manqué, le plat foutu et votre irritation, et décidez de passer une bonne soirée avec eux. « Après tout, il reste bien un paquet de pâtes et du jambon quelque part ! »

Par quels états êtes-vous passé ? Pour vous aider, appuyez-vous sur la page 9.

Questions	Vos réponses
1. Par quel désir étiez-vous animé au départ ?	
2. Quel est donc le désir opposé dont vous ne vous souciez pas ?	
3. Quels sont les états mentaux concernés ?	
4. L'instant d'après (vous sentez l'odeur de brûlé), quelles nouvelles motivations prennent le dessus ?	Désir : État mental :
5. Au détriment de quelles autres (qui passent alors au dernier plan de vos préoccupations) ?	Désir : État mental :
6. Vous avez sorti le plat brûlé du four et repensez à « ces petites pestes à cause de qui... ». Dans quels états mentaux êtes-vous ?	Désir : État mental :
7. Puis leur air ahuri vous a fait rire et vous avez décidé de vous accommoder de la situation.	Désir : État mental :

On l'a vu plus haut, vous êtes plusieurs fois passé d'un état d'esprit à son opposé, d'un pôle à son contraire. Pour comprendre, reposons-nous, comme dans le cas précédent, de bonnes questions :

Commençons par les trois premières questions.

1. *Par quel désir étiez-vous animé au départ ?*

2. *Quel est donc le désir opposé dont vous ne vous souciez pas ?*

3. *Quels sont les états mentaux concernés ?*

Au départ, vous étiez animé par la volonté de chérir vos rejetons, donc dans l'état Sympathie, et les chamailleries vous ont semblé attendrissantes, peu importait que vous contrôliez la situation ou pas (état Maîtrise). En termes de valeurs, ce qui est alors important pour vous, c'est l'affection, le soin apporté à soi ou aux autres (en l'occurrence aux enfants).

L'état Enjoué est aussi activé car vous voulez profiter du moment présent.

4. *L'instant d'après (vous sentez l'odeur de brûlé), quelles nouvelles motivations prennent le dessus ?*

Tout d'abord, vous avez sans doute focalisé sur les conséquences (le dîner compromis) et c'est l'état Sérieux qui a pris le dessus. Mais en même temps, vous êtes aussi animé du désir de contrôler les choses et donc dans l'état Maîtrise ; plus question d'attendrissement, vous ressentez désormais de l'irritation car, ce qui est important pour vous, c'est le pouvoir exercé sur les choses et non plus le soin apporté aux enfants.

Vous étiez aussi au départ dans l'état Autrui, dans lequel vous étiez motivé par le fait de vous reconnaître dans l'autre et vous vous êtes mis à la place des enfants, appréciant leur jeu innocent. En termes de valeurs, ce qui est alors

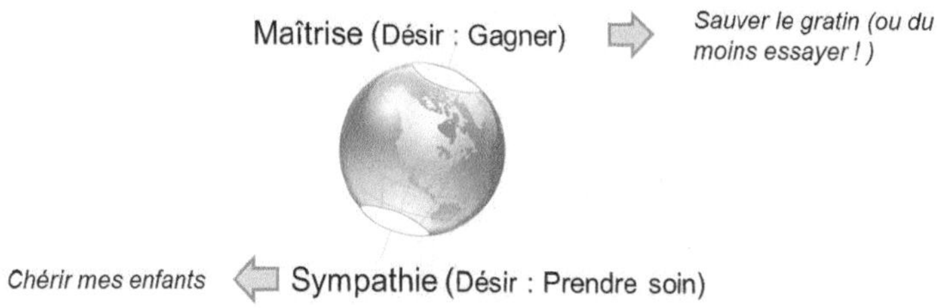

Les désirs opposés des états Maîtrise et Sympathie

important, c'est autrui, son intérêt, sa satisfaction, avant les vôtres.

Vous êtes ensuite passé dans l'état Soi : ce qui vous importe, n'est plus autrui, mais vous. Vous agissez pour vous et tentez de sauver ce qui peut encore être sauvé du gratin (le plat ?). En termes de valeurs, ce qui est alors important, c'est d'abord vous, votre intérêt, votre satisfaction.

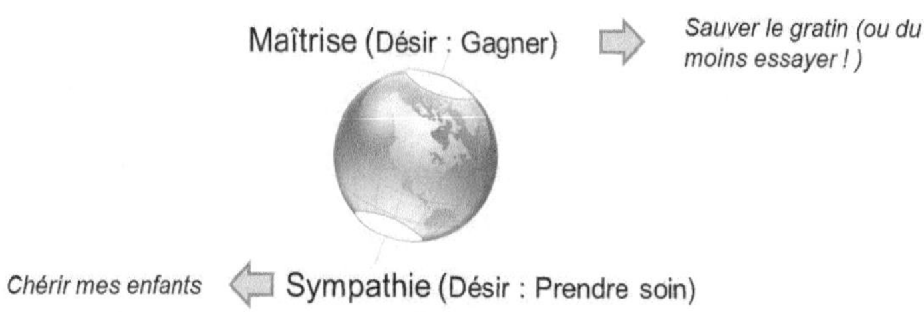

Les désirs opposés des états Soi et Autrui

5. *Au détriment de quelles autres (qui passent alors au dernier plan de vos préoccupations) ?*

Lorsque le gratin a brûlé, ce sont les états Sérieux, Soi et Maîtrise qui ont pris le dessus et le jeu innocent des enfants est devenu une perturbation désagréable.

6. *Vous sortez le plat brûlé du four et repensez à « ces petites pestes à cause de qui... ». Dans quels états mentaux êtes-vous ?*

S'autoriser à exprimer ce que l'on ressent est révélateur du désir de s'opposer, donc de l'état mental Transgressif. Il y a aussi le désir d'arriver (le but, les conséquences...) qui signe l'état mental Sérieux.

– En termes de désirs, dans ce court laps de temps, vous êtes passé par tous les états et votre boussole des désirs s'est radicalement transformée, puisque vous avez renversé dans chaque paire :

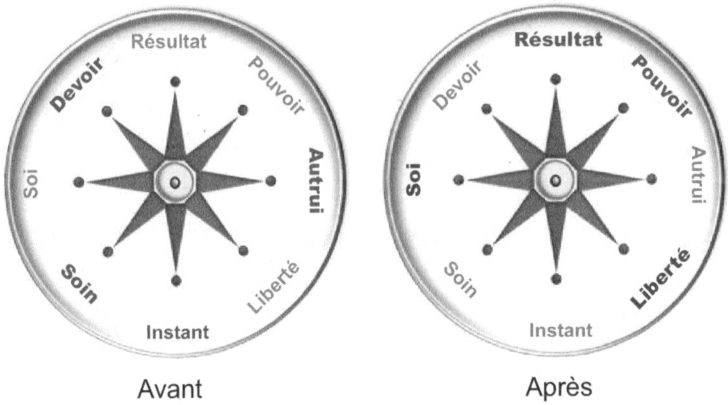

Changement en termes de désirs

En termes de valeurs, les changements se sont opérés de la même manière et l'importance accordée à ce qui se passait s'en est trouvée radicalement modifiée aussi.

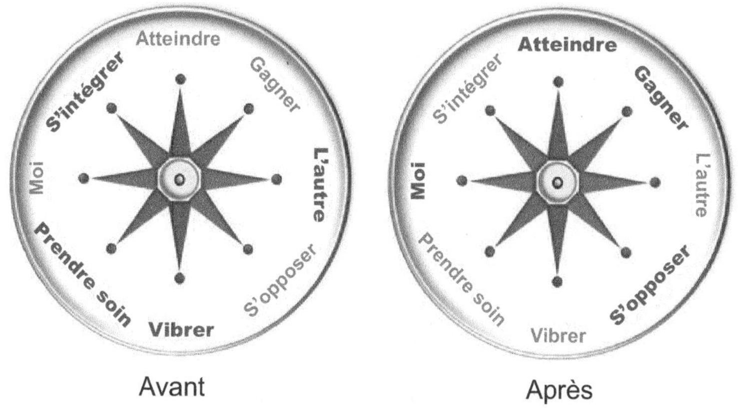

Changement en termes de valeurs

7. *Puis leur air ahuri vous a fait rire et vous avez décidé de vous accommoder de la situation*

Vous êtes passé dans l'état Enjoué et soudain, les désagréments sont devenus secondaire, les conséquences pas si importantes que cela. Peut-être est-ce aussi l'état Autrui qui a repris le dessus et vous a fait oublier vos propres souci : l'envie de prendre soin d'eux est peut-être passé de nouveau au premier plan.

Quoi qu'il en soit, c'est votre souplesse d'esprit, votre légèreté d'être[1], qui vous a permis de passer une bonne soirée. Vous auriez pu vouloir rester cohérent avec vous-même et rester fâché toute la soirée. Mais il y a fort à parier que votre culpabilité vous aurait empêché de dormir : après tout, c'est vous qui aviez oublié le gratin dans le four...

1. Est-elle donc aussi « insoutenable » que veut bien nous le soutenir Milan Kundera ?

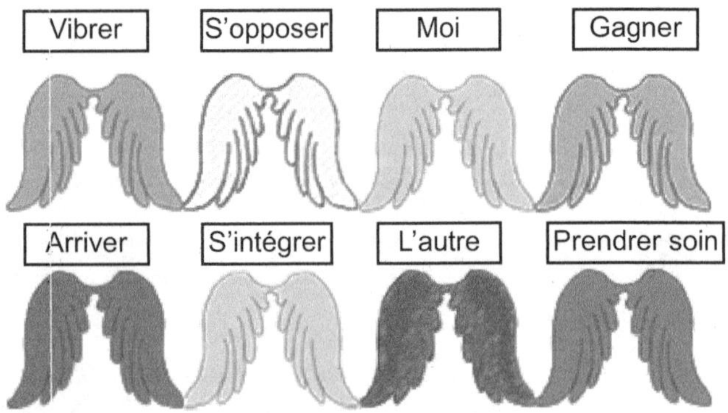
Vibrer
S'opposer
Moi
Gagner
Arriver
S'intégrer
L'autre
Prendrer soin

Mon problème, c'est quel désir désirer ?

Ce que nous pouvons retenir de ces histoires

- Nous sommes tous « bipolaire » au sens où nous pouvons vivre une même situation dans des états mentaux opposés et même octopolaire, donc expérimenter des séquences d'émotions incohérentes et surprenantes.
- Confrontés à ces incohérences, nous avons tendance à apporter des réponses liées à la situation. En réalité, ce sont les états mentaux, ces façons de voir et même ces façons d'être, qui déterminent les différences de perception.
- Nous pouvons être tentés de résoudre les contradictions par des logiques restrictives du type « soit..., soit..., donc... ». Mais elles sont sources de prises de tête.
- Celles-ci peuvent être évitées en acceptant ces contradictions comme une chance : celle d'élargir notre vision de la situation.
- Dans ce livre, nous vous invitons à explorer 7 autres façons de voir. Pour ce faire, il faut prendre du recul tout en ayant à l'esprit les paires d'état et leurs polarités particulières.
- Pour nous mettre dans l'état mental adapté à la situation, nous pouvons soit nous focaliser sur le désir approprié, soit nous poser la question de la valeur : qu'est-ce qui est important pour moi dans cette situation ?

« Je prends mes désirs pour des réalités
car je crois à la réalité de mes désirs. »
Anonyme

2

BIENVENUE DANS UN MONDE OÙ LES NŒUDS SE DÉFONT

Mais oui, changer dans la bonne humeur est possible

LES ILLOGISMES, INCOHÉRENCES ET PARADOXES QUI NOUS GÊNENT NE SONT QUE DES ÉTATS PASSAGERS

Scène de rue

Victor marchait dans la rue, plongé dans ses pensées. Arrivé à un croisement, il jette un coup d'œil au petit piéton vert et traverse sans plus regarder. Soudain, son cœur fait un bond et lui un saut en arrière : un cycliste vient de le frôler. Pas belliqueux d'habitude, Victor ne se sent pas d'humeur à laisser passer cela : « Hep, vous là-bas ! ». Le cycliste se retourne, s'arrête au milieu de la rue et descend de vélo. « Qu'est-ce que tu veux ? » Victor marche vers lui, les yeux dans ses yeux. « Ça ne va pas, non ! » Il s'avance presque jusqu'à le toucher. Ils se toisent, nez à nez. Un petit attroupement s'est formé à distance respectueuse. Une voiture klaxonne. Un homme s'approche « Vous n'allez pas vous battre ! » Et les deux s'exclament d'une même voix : « Ta gueule ! »

Alors Victor voit l'œil du cycliste qui se met à pétiller. Lui-même ne peut réprimer un sourire. Le cycliste lui tapote la nuque. Victor lui donne une bourrade dans l'épaule. Ils font vaguement non de la tête et retournent à leurs chemins respectifs.

Notre vie fourmille de ces brusques changements, qui font que nous nous retrouvons d'une seconde à l'autre dans des états d'esprit différents. C'est parfois une intervention extérieure qui les produit : l'homme inquiet qui s'approche des deux belligérants provoque la réaction simultanée qui leur fait brusquement prendre conscience de ce qui les rapproche plutôt que de ce qui les sépare (ils passent de l'état Soi à l'état Autrui). Les chercheurs qui l'ont découvert l'ont appelé un « renversement psychologique ».

Il n'est pas forcément provoqué par une intervention extérieure, comme le montre l'histoire suivante.

À la boulangerie

Clotilde est bien une parisienne ! Elle est revenue pour le week-end dans sa petite maison des Pyrénées. Cela faisait longtemps. Elle en a besoin. Rêvant de son livre au coin du feu, elle court à la boulangerie chercher du pain. « Zut, il y a du monde. » La boulangère discute avec les clientes et n'a pas l'air pressée d'activer le service. Clotilde jette un coup d'œil à sa montre. « C'est bien ma veine ». Elle hésite à passer devant, puis se dit en poussant un petit soupir qu'elle n'a pas d'autre solution que d'attendre. Elle se rend alors compte que les femmes échangent des nouvelles et se retrouve toutes oreilles dehors, ravie de récolter les potins du pays.

Dans ces deux scènes, le processus est le même : une situation désagréable est résolue par un « renversement ». Ici, Clotilde veut d'abord s'opposer, puis renverse dans l'état Conforme. Mais ce n'est pas toujours le cas. Parfois, ce que nous appelons nos « traits de caractère » nous posent problème régulièrement et nous paraissent sans solution. Nous les appelons alors « défauts ». Et quand ces problèmes surgissent, nous pensons n'avoir d'autre choix que de les subir ou de rester désemparé.

Renversement et théorie du même nom

- Le verbe **renverser**, normalement transitif (mettre à bas quelque chose ou quelqu'un) signifie ici passer d'un état mental à l'état mental opposé.
- Lorsque nous renversons de l'état Transgressif dans l'état Conforme, nous inversons l'orientation de nos désirs (s'intégrer – s'opposer), autant que l'évaluation des valeurs (devoir – liberté)
- Ce verbe tire son nom de la **théorie du Renversement** élaborée par Michael J. Apter, qui a défini le concept d'état mental tel que nous l'avons rapporté plus haut et qui a surtout démontré que l'on pouvait expérimenter une même situation de huit façons différentes : huit états mentaux organisés en quatre paires d'états opposés.

Regardons un exemple en détail avec Jérémie qui se retrouve devant son mur habituel.

Scène de bureau

S'il y avait eu une porte au bureau qu'il partage avec Clara, **Jérémie** l'aurait sûrement claquée. Sourcils froncés, il pose violemment son dossier sur la table et s'assied sans ménager le fauteuil. Clara lève les yeux de son écran et risque un :

– Qu'est-ce qui se passe ?

– Véronique m'a lâché en plein comité des ressources !

– La DRH ?

– Elle voulait que je prenne Léa sur mon projet, la petite nouvelle du marketing. Tu parles ! Mes objectifs sont infaisables si on rate ce lancement. Elle m'a dit que je me couvrais trop, que je ne risquais rien à essayer. Je lui ai dit que je connaissais mon affaire et que je n'étais pas là pour gérer les pouponnières.

– Et ?

– Alors elle s'est énervée et m'a dit texto : « Y'en marre de ton ego, Jérémie, on ne peut rien te dire. Même à moi, tu n'autorises plus la moindre remarque ! » J'ai préféré partir.

Clara laisse passer un temps de silence.

– Et maintenant ?

Les épaules de Jérémie s'affaissent légèrement, il pince les lèvres.

– Ça va être compliqué... Mais au fond (il lâche un soupir) ce qui m'ennuie le plus, c'est de perdre le soutien de Véronique. En fait, c'est un peu toujours comme ça. Je prépare mes dossiers à fond ; si je rencontre des obstacles, je tâche de les passer, mais si on me critique, je ne supporte pas. Je vois bien que cela ne facilite pas les choses, mais... je ne sais plus.

Jérémie a tout d'un battant. Fonceur, efficace, il s'organise pour réussir ses projets. D'un autre côté, son efficacité personnelle le dessert. Son attachement à ses propres objectifs, son désir de faire prévaloir son point de vue nuisent à ses relations. D'une certaine manière, il se fait des ennemis ; peut-être même considère-t-il inconsciemment chacun comme un adversaire. Par sa raideur, il a de plus en plus de mal à obtenir du soutien lorsque les situations se tendent, ce qui met en danger ses propres résultats. Le « coup de gueule » de Véronique lui fait prendre conscience qu'il y a un problème. Et le voilà pris dans un piège : il ne peut plus continuer comme ça, mais il ne voit pas ce qu'il peut y changer. Prise de tête assurée. Dans l'entreprise tout le monde connaît son problème : il joue trop perso. Mais comme il n'admet pas la critique, personne ne se risque à le lui signaler. D'ailleurs est-ce que cela suffirait ?

En effet, Jérémie se dit plus ou moins consciemment : « Je suis comme ça, qu'est-ce que je peux y faire ? ».

« Je ne plie mais ne romps pas »
Jean de la Fontaine (Le chêne et le roseau)

Le chêne et le roseau

La vie d'entreprise n'est pas la seule à nous fournir des exemples de situations désagréables bloquées. Certains sont tellement dévoués à un membre de leur famille qu'ils ne peuvent s'en éloigner sans culpabiliser. D'autres détestent à tel point lire les modes d'emploi qu'ils se retrouvent désemparés dans un monde de technologie. Vous en connaissez peut-être qui, même pour leurs loisirs, sont tellement polarisés sur des objectifs qu'ils en oublient le plaisir et la détente ; ou qui ont tellement peur de s'ennuyer qu'ils saturent leur agenda en se plaignant de ne pas avoir de temps pour eux.

À défaut de solution, notre entourage peut nous fournir une aide précieuse. Et heureusement pour Jérémie, il partage son bureau avec Clara. Voyons la suite :

Scène de bureau (suite)

– Si je peux me permettre, dit Clara, tu as bien un avis sur les autres...

– Comme tout le monde, dit-il.

– Oui, comme tout le monde, donc il est bien normal que les autres aient un avis sur toi.

– Oui, mais d'une part je ne sais pas pourquoi il serait meilleur que le mien et je ne vois pas...

– Tu as déjà bossé avec des clients, non ?

– Bien sûr, au début, des études de terrain.

– Comment faisais-tu quand tu recueillais leurs avis ? Ça ne devait pas être des tendres ! Et ils n'avaient pas forcément raison non plus.

– Exact, dit Jérémie. Mais c'était important de savoir ce qu'ils pensaient, soit pour corriger nos produits soit pour corriger leur point de vue.

– Je ne te le fais pas dire.

Jérémie saisit peu à peu la suggestion de Clara

– Tu veux dire que je devrais faire pareil par exemple avec le marketing ? Ce n'est pas mon client préféré !

– Je le sais, mais tu as besoin d'eux comme tu as eu besoin de tes clients...

– Mmh !

– Donc tu sais faire...

Jérémie se redresse. « OK ! » Une question l'effleure.

– Pourquoi tu fais ça ? Pour moi ?

– Je ne peux pas travailler quand j'ai un mec qui fait la gueule en face de moi. On va prendre un café ?

Clara a fait mouche. Elle en sait assez sur Jérémie pour lui montrer qu'il a déjà été capable d'aborder différemment une situation similaire, ce qui permet à Jérémie de prendre conscience qu'il lui est possible de faire autrement.

Effectivement, Jérémie a de la chance d'avoir Clara en face de lui. Mais comment se fait-il que cet excellent commercial, qui a eu de très bonnes relations avec ses clients, ne sache pas les développer avec ses collègues et ne se rende pas compte de cette contradiction ?

RENVERSEZ DANS LA « BONNE » HUMEUR ET FINI LA PRISE DE TÊTE !

La Théorie du Renversement éclaire ce paradoxe. Dans le monde qu'elle nous fait découvrir, les renversements que nous avons observés au début de ce chapitre ne sont pas des sautes d'humeur. Ce sont des changements d'état mental.

Chaque état est déterminé par un désir profond, et par les savoir-faire que nous avons développés pour le satisfaire. Mais nos désirs changent, et notre nature avec eux.

> Lorsque nous nous trouvons portés par un désir, nous avons moins – voire pas du tout – conscience de nos autres désirs potentiels, ni des savoir-faire associés.
> Ceci explique en particulier que ce qui nous paraît impossible dans un certain état d'esprit, pourra nous paraître évident dans un état différent.

Lorsque Jérémie défend son dossier, tout concentré sur ses propres objectifs, il ne s'intéresse pas aux considérations et objectifs des autres. Quand il cherche une solution au problème que lui pose Véronique, il est encore centré sur lui-même. Double piège ! Il lui faut l'aide de Clara, et son questionnement astucieux pour arriver à porter son attention sur les autres, d'abord en général (« comme tout le monde ») puis en particulier (ses clients). Au final, elle boucle son affaire en lui faisant remarquer, mine de rien, qu'on peut s'occuper bien des autres pour bien s'occuper de soi-même.

Vous nous direz que c'est un cas particulier, qu'il y a mille autres manières de se retrouver coincé et que, si vous êtes comme Jérémie, vous aimeriez avoir le téléphone de Clara[1]. Tout cela est vrai. Comme il existe mille autres manières d'avoir une prise de conscience : en assistant à une scène de rue, en regardant un film, lisant un roman[2], discutant avec une voisine ou en prêtant enfin attention à une petite voix intérieure qui vous suggère que cela ne peut plus durer comme ça.

BANNIR LA LOI DES 5C : C'EST C... MAIS C'EST COMME ÇA !

En croyant que sa personnalité est ce qu'elle est, Jérémie peut craindre de la perdre. Il l'aime bien, et après tout, elle le sert. Il a longtemps pensé qu'il fallait faire avec les inconvénients, qu'il « était comme ça ». Il a donc ignoré le problème, en ne prêtant pas ou ne voulant pas prêter attention aux petits signes qui n'ont pas manqué de se produire... Et il a attendu que sa dernière alliée le lâche pour réagir.

Ne faisons pas comme lui, car il n'en est rien, ce n'est pas « comme ça ». Clara, qui le sait, peut jouer de toutes ses ressources en s'appuyant sur la dynamique de la personnalité humaine. Jérémie aura-t-il toujours besoin d'une Clara ? Ma foi, pourquoi pas, mais devons-nous laisser au hasard des rencontres l'opportunité de jouer de nos meilleurs atouts ?

1. À défaut de téléphone, voici son site : www.antiprisedetete.com.
2. Alain Finkielkraut, *Un cœur intelligent,* 2009.

En adoptant les outils présentés dans ce livre, et en suivant – ou arrangeant à votre goût – la méthode qui y est proposée, vous pourrez gagner un temps précieux face aux situations qui vous dérangent et retourner marcher « du côté ensoleillé de la rue ».[1]

Que serait-il advenu de Jérémie si Clara ne l'avait pas reconnecté avec ses désirs d'attention aux autres ? Il aurait pu se contenter d'apprendre des recettes pour communiquer d'une certaine façon, afin de ne pas heurter les membres de son équipe par exemple. En ce cas, il aurait risqué fort de développer encore plus de frustration. C'est ce qui est arrivé à **Yves**, dont nous vous racontons l'histoire au chapitre suivant.

CE QUE NOUS POUVONS RETENIR DE CES HISTOIRES

- Notre personnalité est fondamentalement changeante. Elle n'est pas formée de « traits de caractères » plus ou moins figés qui nous obligeraient à subir nos « défauts », mais par la dynamique de nos désirs et des renversements qu'ils produisent – ou ne produisent pas. Comme aime à le dire Michael Apter, le créateur de cette théorie, nous sommes des danseurs, pas des statues[2].
- Ainsi prendre conscience de ce qui nous tire ou nous pousse est la première étape indispensable pour reprendre en main nos situations délicates.
- Nous ne sommes pas figés dans des stéréotypes de comportement, condamnés à perdre notre personnalité ou à la subir.
- Prendre conscience des situations qui nous gênent, nous ouvre la porte à la nécessité de nous adapter.
- Avec la Théorie du Renversement nous pouvons prendre conscience de la possibilité de nous adapter.

☞

1. *On the sunny side of the street*, un classique de jazz.
2. Michael Apter, *Reversal Theory, the dynamics of Motivation, Emotion and Personality*, 2007.

☞

➢ La méthode Apter proposée dans ce livre vous permet de réaliser cette possibilité.

Les films qui le montrent bien

La vie est belle
Invictus

*« C'est au pied du mur
qu'on voit le mieux le mur. »*
Proverbe maçon

3

NOTRE CLÉ, LA MÉTHODE APTER

Entrée en scène de la Théorie du Renversement

NOTRE FAÇON D'ÊTRE PARLE PLUS FORT QUE NOS FAÇONS DE FAIRE : L'ÉTAT MENTAL DONNE SA COULEUR À L'ACTION

Encore des récriminations !

Yves est conseiller client sur un plateau technique. Il se sent agressé lorsque les clients sont mécontents et lui adressent leurs récriminations. Il n'y peut rien, sa fonction est justement de traiter les clients qui ont des difficultés. Il a été formé à de nombreuses techniques (reformuler, dire « je comprends », etc.) mais cela ne marche que jusqu'à un certain point : les clients lui reprochent « d'appliquer des trucs ». Lui-même a du mal à ne pas prendre pour lui leur mécontentement. Il décide d'en discuter avec des collègues, dont il a remarqué qu'ils étaient moins touchés que lui. L'un d'eux lui dit que le fond du problème, c'est que le client doit vraiment sentir qu'on s'occupe de lui. « D'accord, mais comment faites-vous ? »

- Ses autres collègues, intéressés, se joignent à la conversation et ils échangent sur leur approche. « Moi, dit l'un, quand le client est vraiment en colère, je me mets à sa place. Il m'arrive aussi de m'énerver quand j'ai acheté un truc qui ne marche pas. »
- « Pour moi, dit un autre, la question n'est pas comment je fais, mais comment je le prends. Je pense que, quand quelqu'un devient agressif, ce qu'il dit est purement automatique. Il a juste besoin de vider son émotion, comme mon fils de deux ans quand il pleure. Je fais comme avec mon fils. »
- Un troisième ajoute : « On m'a raconté l'histoire d'un gars dans un grand magasin qui était réputé pour savoir s'occuper des clients qui réclamaient. Un jour, on vient le trouver en panique. « Il y a un client au comptoir des réclamations qui hurle qu'il va tuer tout le monde ! » Le gars se lève, arrache d'un panneau une hache anti-incendie, se précipite vers le client, se met à côté de lui et crie : « Par qui on commence ? » »
- Yves rit et décide qu'il préfère l'histoire de l'enfant. Depuis, il s'y réfère et ses interlocuteurs ne lui reprochent plus de faire semblant.

Dans bien des cas, les recettes comportementales[1] ne suffisent pas à régler les problèmes délicats. Elles ont généralement été formalisées à partir de l'observation de personnes efficaces, avec l'idée qu'il suffirait de les imiter pour obtenir le même résultat. Par exemple, pour montrer qu'on écoute quelqu'un, elles conseillent de hocher la tête et de reformuler[2] ce qu'il a dit. Or, il est parfaitement

1. Communication NonViolente, *Assertiveness*, méthode Gordon, techniques de négociation...
2. Répéter tout ou partie de ce que dit votre interlocuteur, de préférence en utilisant son vocabulaire.

possible de reformuler pour gagner du temps, ou d'écouter uniquement ce qui permet de fourbir de nouveaux arguments. Et quand cela se sent, c'est pire que de n'avoir rien fait. Ces recettes ne fonctionnent que si on les vit intérieurement. C'est une question d'état d'esprit.

NOS HUIT ÉTATS D'ESPRIT ET LEURS MOTIVATIONS

La Théorie du Renversement a mis en évidence 8 états d'esprit que nous partageons tous. Ce sont ceux que nous vous avons nommés précédemment. Ainsi, quand Yves se sent agressé, c'est qu'il se trouve dans un état d'esprit orienté vers lui-même, l'état mental « Soi ».

Or, nous sommes tous des clients. Nous savons bien que la première chose dont nous avons besoin, quand nous venons réclamer, est que l'on *nous* écoute et que l'on comprenne les difficultés que le matériel ou le service *nous* pose. Surtout au téléphone. Il n'y a rien de pire que de nous trouver face à un automate qui répète des formules toutes faites (« je comprends ») ou à un mur qui se retranche derrière les vicissitudes de l'informatique ou les petites lettres du contrat. En tant que conseiller, Yves devrait se mettre dans un état d'esprit opposé, orienté vers l'autre, l'état mental « Autrui ».

Nous disposons tous de cette capacité à être motivés pour les autres (nos proches, nos amis, notre équipe de foot, notre entreprise, etc.). Chacun de nous l'exprime à sa manière et dans des circonstances qui lui sont propres : Yves s'occupe de son bébé, Xavier soignait ses clients, mon ami Pierre s'investit dans l'animation de son club de photographie, et même Zoé bichonne sa nouvelle voiture.

Il nous suffit, en retrouvant ces circonstances, de nous remettre dans cet état d'esprit. Curieusement, à ce moment-là, ce que nous avions considéré comme des techniques nous vient naturellement. Par exemple, vous êtes abordé dans la rue par un inconnu qui cherche son chemin. Si vous êtes disposé à l'aider, vous n'avez pas besoin de formation pour le rassurer ou lui donner une explication claire.

Quand la technique tombe à plat

À une époque de ma vie, j'enseignais les techniques de communication et en particulier une forme d'écoute, dite écoute active, dont j'étais devenu une sorte d'expert. L'écoute active consiste à écouter non seulement ce que dit votre interlocuteur mais aussi ce qu'il ressent, comment il vit le moment présent (ou le moment dont il parle) et à le lui restituer[1]. L'idée est qu'en mettant des mots sur ce ressenti, on fait percevoir à cet interlocuteur qu'on le comprend plus profondément qu'au seul niveau du langage.

Un soir après un séminaire, je rentre à la maison et je tombe en plein drame familial. Je ne sais pas ce qui s'est passé, mais ma femme est furieuse dans la cuisine et ma troisième fille pleure dans sa chambre. J'ai à peine franchi

1. Didier Hauvette – *Le pouvoir des émotions,* Éditions d'Organisation, 2004.

> la porte que ma femme me crie : « Occupe-toi d'elle, moi je n'en peux plus ! » J'entre dans la chambre de ma fille qui sanglote, j'hésite un peu et je lui dis un truc un peu plat comme : « Tu es triste ! » Elle me répond : « Arrête de me faire ch... avec tes techniques à la con ! » J'ai « pris un peu la honte » – comme ils disent –, je me suis assis à côté d'elle et je l'ai prise dans mes bras.

Dans le domaine des relations, en particulier affectives, l'idée même d'appliquer une technique qu'on a apprise, surtout en essayant de l'appliquer du mieux possible, est totalement contre-productive. Appliquer quelque chose correspond au désir de se sentir fort, de gagner, de contrôler (nous l'appelons l'état mental Maîtrise) alors que bon nombre de situations relationnelles relèvent du désir d'échanger, ou de prendre soin (l'état mental opposé de Sympathie). Pris dans l'état Maîtrise, j'étais passé à côté de ma fille. Heureusement, l'intérêt pour ma fille (Autrui) m'avait remis dans l'état adapté (Sympathie). Un participant à un de mes séminaires m'a dit un jour « J'ai essayé *sur* ma femme, cela ne marche pas. » Peut-être que s'il avait essayé *avec* sa femme, cela aurait eu plus d'effet.

Mais cette inefficacité de la technique seule ne se limite pas aux problèmes de communication. Voyez plutôt l'histoire de Cédric.

> ***Sortie de jeu***
>
> **Cédric** joue au tennis avec des amis depuis plusieurs années, et il aime ces moments passés à frapper fort dans la balle. Poussé par le président de leur club, il s'inscrit à quelques tournois. Il découvre alors un nouveau genre de jeu, où la plupart de ses adversaires renvoient souvent des balles molles vers le milieu du court. Cela l'agace, d'abord parce qu'il trouve que cela casse le rythme, et ensuite parce que lui-même expédie toutes ces balles hors du court. De

ce fait, malgré un bon fond de jeu, il est rapidement sorti des tournois et des repêchages.

Il observe alors quelques parties et se rend compte que c'est une situation plutôt courante en tournoi. Il en parle avec le moniteur de son club. Celui-ci lui confirme que ces balles de défense sont assez difficiles à jouer et lui propose de passer un peu de temps à s'y entraîner.

Deux heures de cours et quelques semaines de pratique avec ses amis plus tard, il possède la technique. Il s'inscrit à un nouveau tournoi et se retrouve rapidement dans les mêmes conditions de jeu. Mais l'agacement est toujours là et il est incapable de mettre en pratique ce qu'il a pourtant travaillé assidûment. Et le voilà à nouveau sorti du tournoi.

PAS DE TECHNIQUE EFICACE SANS MOTIVATION ADAPTÉE

L'essence des sports est dans le plaisir que procure l'expérience d'une intensité physiologique. Ce que nous appelons « le désir de vibrer pour ce que l'on fait », les chercheurs en psychologie l'appellent la recherche de l'activation. La Théorie du Renversement a démontré que cette activation était bien vécue dans l'état centré sur le plaisir du moment (l'état motivationnel Enjoué)[1], mais pas dans l'état focalisé sur les risques et les conséquences. Nous le savons tous déjà : certains d'entre nous adorent les montagnes russes et d'autres n'y monteraient pour rien au monde.

Cédric expérimente généralement l'état Enjoué dans ses parties amicales, où tout le monde tape fort dans la balle. Mais en tournoi, le score lui importe. Il se retrouve alors automatiquement (il renverse) dans l'état motivationnel

1. Vous en saurez plus au chapitre 4.

opposé, (Sérieux), un état où nous nous préoccupons des conséquences et dans lequel l'intensité se transforme tout aussi automatiquement en crispation. Il a beau avoir travaillé la technique à l'entraînement, dans la situation de match, cette crispation modifie son geste et lui fait rater le coup. Grâce à la Théorie du Renversement, nous verrons dans les chapitres suivants que Cédric a plusieurs options possibles pour dépasser cette difficulté. La première solution serait non seulement de savoir faire ce coup, mais de prendre plaisir à le faire. Pas pour le résultat, pas pour le score, pas pour punir son adversaire de faire des coups aussi minables : juste pour le plaisir de l'exécuter.

Exercice – Rechercher les états mentaux adaptés

Pour revenir au cas d'Yves, le deuxième besoin d'un client quand il a un problème, c'est de trouver quelqu'un qui se charge effectivement de le résoudre. Imaginez-vous donc devant un client désemparé par un problème technique qui le dépasse. En vous servant de la boussole que nous avons déjà vue ci-dessous, définissez quels sont les deux états mentaux adaptés pour prendre en charge le problème de ce client ?

Vous avez trouvé, c'est Maîtrise et Autrui, combinaison qui permet d'expliquer au client ce qui se passe et va se passer. Peut être avez-vous aussi trouvé Sympathie, qui permet de prendre soin du client.

Mais au-delà des techniques de communication assertive (comment affirmer mon point de vue) et empathique (comment prendre en compte le point de vue de l'autre), c'est la fluidité de renversement entre les états Maîtrise et Sympathie, et entre les états Autrui et Soi qui caractérise le mieux les meilleurs communicants.

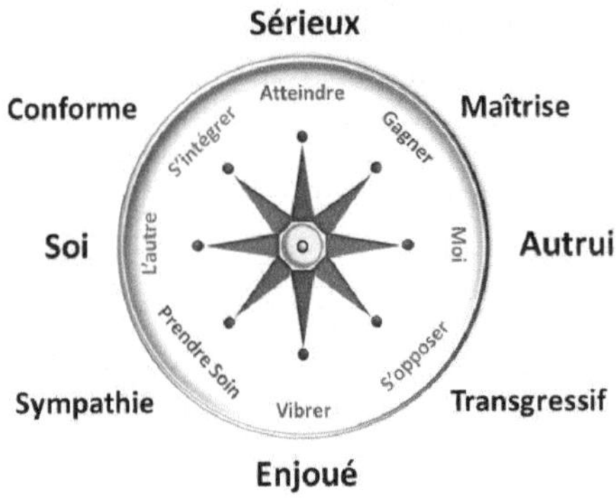

Les désirs dans tous leurs états

Un film qui le montre bien

Another Earth. Voir l'extrait *The Russian Cosmonaut* sur Youtube (taper « Another earth extrait français »)

CE QUE NOUS POUVONS RETENIR DE CES HISTOIRES

Pour traiter nos situations délicates, appliquer simplement des recettes ne suffit pas. Il faut les vivre intérieurement, mentalement, émotionnellement, physiquement.
Il s'agit donc surtout d'être dans l'état mental adapté. C'est cet état qui provoque l'effet attendu des recettes : une efficacité dans le domaine professionnel, une performance dans le domaine sportif, une qualité dans le domaine de nos relations. C'est donc d'abord une question d'état d'esprit plus que de façon de faire.

☞ Une technique mentale d'adaptation consiste à se remémorer ou à se référer à une situation dans laquelle nous étions animés par ce désir.

« Prenez l'habitude,
vous en aurez le sentiment. »
Montaigne

ÉPARGNEZ LES PRISES DE TÊTE À VOS ENFANTS

Un anniversaire qui commence mal

Vendredi 28 décembre, 17h30. Anita a téléphoné : elle sera bien là demain après-midi. Elle restera dormir et ne rentrera chez elle que le dimanche soir. **Maïa** est aux anges. Pour une fois qu'elle va fêter son anniversaire avec une copine ! D'habitude c'est plutôt en famille car son anniversaire tombe pendant les vacances scolaires. Au programme, après-midi au marché de Noël entre filles, avec Anita et sa grande sœur Chloé, et le soir, dîner à la maison avec menu sur mesure : elle a commandé à son père des linguines aux supions et artichauts[1] et à sa mère, la fameuse tarte au chocolat, caramel et nougat. Le lendemain, on ira au cinéma...

Vendredi 28 décembre, 20h00. Maïa est en larmes : Anita ne peut plus venir. Ses parents l'emmènent voir sa grand-mère, ils doivent partir demain. Quelle déception... de grosses larmes toutes chaudes lui font les yeux tout rouges.

Ses parents tentent de la consoler, mais Maïa reste frustrée : « Ce n'est pas juste. »

Elle se réfugie sur le balcon et pleure. Son père vient la rejoindre.

1. Joignons l'utile à l'agréable en faisant une petite parenthèse transgressive avec une recette... de cuisine ! Vous trouverez la recette des liguines aux supions et artichauts à la fin de ce chapitre.

– « Maïa ?

– Hmm...

– Pourquoi tu pleures ?

– Tu le sais très bien : c'est comme d'habitude, je n'ai jamais d'amies à mon anniversaire ! Et pour une fois que c'est possible, au dernier moment on annule tout. J'en ai marre, c'est vraiment trop injuste. (sanglots)

– Malgré tout, maman et moi allons te concocter un programme sympa : elle va t'emmener au marché de Noël, tu vas pouvoir faire du manège, ce soir je vais te faire ton plat préféré et maman est en train de faire ton gâteau au chocolat...

– Oui mais Anita ne vient pas cet après-midi...

– C'est vrai. Qu'est-ce qu'on peut y faire ? »

– Ben rien ! Tu le sais bien... (Sanglots)

– Donc tu es obligée d'être malheureuse...

– ...

– D'un autre côté, c'est ton anniversaire et on pourrait essayer de passer une bonne journée ?

– Évidemment c'est facile de dire ça, mais en attendant, pour une fois que j'avais prévu de passer mon anniversaire avec Anita...

– Comme tu veux Maïa. C'est toi qui décides et si tu veux passer une mauvaise journée... On peut t'y aider aussi.

Elle regarde son père, interloquée.

– Oui, on peut annuler le marché de Noël ? Je peux demander à Chloé d'oublier les bougies... Je ne sais pas : qu'est-ce que l'on pourrait trouver d'autre ?

Elle sourit, espiègle :

– Et maman pourrait brûler le gâteau ?

– Bonne idée ! Comme ça tu pourras pleurer jusqu'à ce soir.

Elle fait la moue.

– Bon tu vois, tu as le choix. Tu peux te bloquer sur l'absence de ton amie et gâcher ta journée d'anniversaire.

Ou bien tu peux décider d'en faire une bonne journée : c'est à toi de voir.

– Oui, c'est vrai (hésitante)

(Silence)

– Dis-moi, Maïa : si ta copine Anita était venue, y aurait-il eu quelque chose que tu n'aurais pas pu faire à cause de ça ?

– Faire les boutiques avec maman. Quand on a invité Anita, on s'est dit avec maman qu'on irait faire les boutiques ensemble un autre jour...

– Et bien maintenant, tu vois, c'est à nouveau possible : vous allez au marché de Noël, puis vous pourrez faire les boutiques tout l'après-midi ! »

(Elle sourit)

– Tu as raison papa, je ferais mieux d'aller vérifier que mon gâteau cuit correctement !

... À la fin de la journée et après le dîner d'anniversaire, Maïa va se coucher. Gros câlin au lit avant de s'endormir :

– « Merci papa, j'ai passé une très belle journée d'anniversaire. »

Ce qui est formidable avec les enfants, c'est leur capacité d'adaptation. Souvent, il suffit de leur montrer la voie et ils l'empruntent avec confiance. Contrairement aux adultes.

La déception, un creuset d'émotions prises de tête

Nos vies sont peuplées de déceptions plus ou moins bien vécues. Elles ne sont pas faciles à vivre car elles nous inspirent tout un cortège d'émotions désagréables. Et en particulier la déception est désagréable car elle se présente comme un décalage entre :

- ce que nous aimerions vivre (la satisfaction d'avoir ce que l'on veut),

- et ce que nous vivons effectivement (la privation de ce que l'on espérait avoir).

Au départ, il est tout naturel d'en être triste, l'espoir du plaisir attendu vient de s'envoler ! Comme chacun de nous, Maïa n'est pas heureuse d'être déçue. Mais doit-elle pour autant gâcher sa journée d'anniversaire ?

De la déception courante à la spirale du mal-être

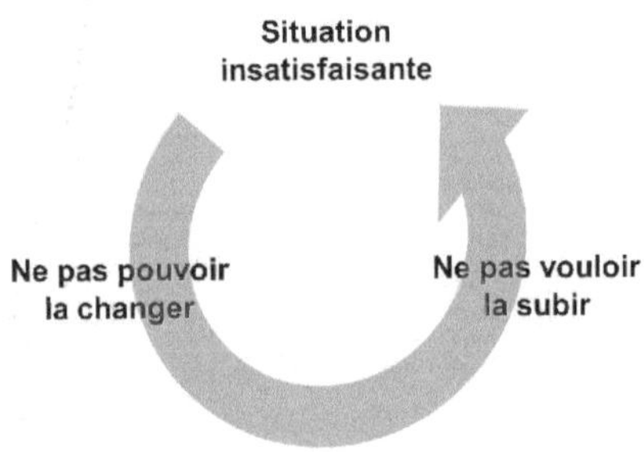

La spirale du mal-être

La question qui se pose ici est comment en sortir, une fois le temps de la tristesse passé ? La plupart du temps, nous nous en accommodons. Nous portons notre attention sur d'autres choses. Mais lorsque nous attachons beaucoup d'importance à ce qui nous est refusé, c'est une autre histoire. Nous nous trouvons comme Maïa coincés dans une alternative dont il est difficile de sortir :

- Ne pouvant changer les choses, nous en déduisons qu'il ne nous reste plus qu'à les subir. Mais ce n'est pas agréable.
- Nous continuons donc à désirer ce que nous ne pouvons avoir (et l'exprimons sous la forme de regrets). Ce qui est de plus en plus désagréable.

Résultat ? Une bonne prise de tête en forme de spirale.

C'est ce que nous faisons lorsque nous avons du mal à gérer une déception.

Quelques exemples de déception ?

– Vous vous attendiez à une augmentation de salaire et ne l'avez pas eue. Depuis vous vous morfondez au travail, sans pour autant chercher ailleurs tout en vous répétant qu'il faudrait le faire, mais que cela n'est pas possible...

– Votre ami vous a posé un lapin et, au lieu de sortir ou d'aller au cinéma voir ce film qu'il n'aurait pas voulu aller voir avec vous, vous restez cloîtré chez vous en vous remémorant toutes les fois où des amis vous ont fait faux bond, tout en vous demandant s'il ne vaudrait pas mieux aller quand même au cinéma, jusqu'à ce qu'il soit trop tard...

– Vous voulez acheter une voiture et elle n'existe plus en rouge, votre équipe de foot préférée à perdu en finale, on a oublié votre fête, vos photos d'anniversaire sont gâchées, vous avez raté un examen...

En réalité il existe une autre possibilité que la spirale du mal-être. À l'alternative qui consiste à vous croire obligé de choisir entre subir et changer les choses (et ne pas pouvoir le faire), vous pouvez substituer celle qui consiste à choisir entre :

- Changer les choses,
- Changer de regard sur les choses.

Cette alternative est beaucoup plus saine car elle nous redonne le choix. Elle vous est désormais plus accessible car, grâce à la boussole du désir, vous avez appris à diriger votre motivation dans les directions de votre choix.

Donnez-vous le choix

Quelle que soit la prise de tête que vous subissez, adoptez donc cette posture mentale qui consiste à refuser la spirale du mal-être et à envisager les choses sous un angle plus réaliste et plus efficace, celle de la « Balance du bien-être ».

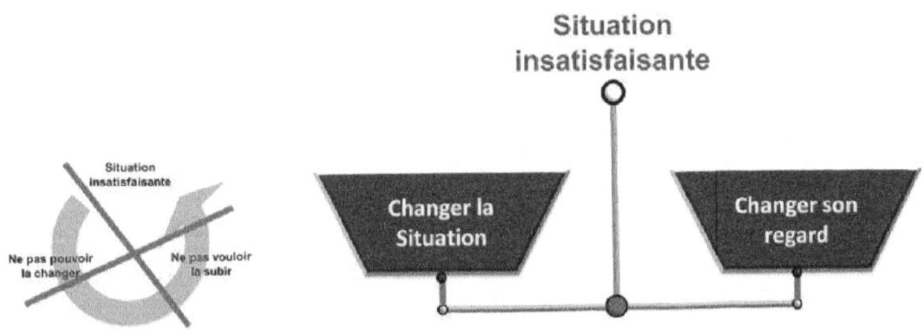

La balance du bien-être

Cette posture est non seulement réaliste, mais saine. Ni bisounours, ni politique de l'autruche, elle ne consiste pas à nier le besoin de faire le deuil d'une déception, ni à refuser de faire face aux problèmes qui en découlent. Elle consiste à s'adapter pour ne pas souffrir inutilement. Elle est saine parce qu'elle vous évitera de penser « cela me rend malade », voire de le devenir.

Comment changer de regard quand on est déçu ?

Tout d'abord, décodons la situation en termes d'états mentaux. À présent que vous savez repérer les états mentaux activés en situation, vous conviendrez que, dans le cas de Maïa, c'est l'état Soi qui est en cause. Ensuite, il peut s'agir d'une question d'impuissance à changer les choses (l'état Maîtrise) ou de perte de reconnaissance affective (Sympathie).

Par exemple, Maïa ne peut pas empêcher Anita d'aller voir sa grand-mère (Maîtrise) et se sent délaissée (Sympathie). C'est ici son impuissance qui la bloque. Elle a le sentiment de perdre et en est frustrée. Vous pouvez appliquer cette analyse à tous les cas que nous avons imaginés plus haut (on a oublié votre anniversaire, on vous a posé un lapin, vous n'avez pas eu votre augmentation, la voiture n'existe pas en rouge...).

Examinons quelques solutions. Vous pouvez :

- Décider de changer les choses : changer d'ami, de marque de voiture... en restant dans les états Maîtrise et Soi.
- Demander réparation (prendre votre revanche) en restant toujours dans les mêmes états.
- Pardonner à l'ami aux lapins, au vendeur de voiture, au patron aveugle..., en renversant dans les états Sympathie et Autrui et continuer à profiter de la relation.
- Mais vous pouvez surtout utiliser l'approche du père de Maïa qui consiste à se focaliser exclusivement sur ce que l'on gagne dans la nouvelle situation.

Jouer à qui perd gagne

Le cas vécu par Maïa présente en effet une particularité qui le rend impropre à être résolu par les solutions que l'on vient de voir : il lui reste encore toute une journée à gâcher ou à réussir. De même qu'il vous reste plusieurs mois à travailler pour le chef qui vous a refusé votre augmentation, avant de trouver du travail ailleurs. Comme il vous reste toute une vie à gâcher ou à réussir dans le cas d'une déception amoureuse...

Pour parvenir à dépasser une déception en se focalisant sur ce que l'on gagne dans une situation, il ne suffit pas de « positiver ». D'aucuns vous diront qu'il n'est guère possible de positiver la perte d'un ami qui vous a déçu, l'éclatement de la cellule familiale suite à un divorce ou la trahison d'un associé qui est parti avec la caisse. Positiver consiste à peser les avantages de la nouvelle situation, mais l'inconvénient des avantages perdus met souvent du temps à s'évaporer. On n'arrive souvent qu'à neutraliser le sentiment de perte. Non. Il faut, au-delà, comprendre que la déception se vit dans l'état Soi associé aux états Sympathie ou Maîtrise.

CE QUE NOUS POUVONS RETENIR DE CES HISTOIRES POUR GÉRER UNE DÉCEPTION :

- Éviter de se mettre ou rester dans l'état Sympathie qui conduit plutôt à l'auto-complaisance et à la tristesse.
- Se mettre dans l'état Maîtrise ou Soi et l'appliquer à la nouvelle situation (et non bien sûr à la personne qui est à l'origine de notre déception).
- Viser une satisfaction en termes de gains et pas seulement en termes d'avantages.
- Chercher ce que l'on gagne au lieu de se préoccuper de ce que l'on perd.

LA THÉORIE PSYCHOLOGIQUE DU RENVERSEMENT

La découverte que les renversements constituent la structure de la personnalité a été formalisée par Michael Apter sous le nom de Théorie du Renversement à partir de ses recherches avec Ken Smith, au milieu des années 1970.

Ses implications dans des domaines psychologiques majeurs comme la motivation, la décision, le stress ou la dépression ont amené de nombreux chercheurs de plus de 30 pays à s'y intéresser et à mener des travaux[1] sur des sujets aussi variés que les sports à risques, le risque universitaire pris par les étudiants, l'addiction, le stress, la performance sportive, l'influence de l'humour sur la durée de la vie, les paradoxes économiques, la rébellion...

Dans le monde du travail, les applications concernent la publicité, l'accueil des enfants dans les hôpitaux, le management et la motivation, le leadership, le climat de travail en équipe, etc.[2] Enfin en France, des unités dans les universités de Reims, Toulouse Le Mirail et Paris VIII mènent des recherches sur les implications de cette découverte révolutionnaire.

Les 9 idées clés de la Théorie du Renversement

1. L'expérience consciente est structurée et cela de façon identique pour tout le monde.
2. La structure comprend huit valeurs distinctes. Chacune d'elles correspond à un état motivationnel.
3. Ces états motivationnels correspondent à différentes façons de voir le monde, d'y agir et d'y interagir émotionnellement.
4. À chaque état motivationnel peut être associé symétriquement un autre état motivationnel incompatible, mais opposé en termes de valeurs ; ce qui donne quatre paires d'états opposés.
5. À tout moment, un des deux états de chaque paire est actif. Et une ou deux paires sur les quatre sont focalisées sur l'expérience du moment donné.
6. Les individus « renversent » sans arrêt d'un état à son opposé durant leur vie éveillée. De même la focalisation sur l'une ou de l'autre des quatre paires change selon le moment.
7. Au sein de chaque paire, les individus manifestent une préférence pour l'un ou l'autre état en tendant à y « rester » plus longtemps.
8. L'activation de tous les états motivationnels est essentielle et saine, tant pour soi que pour les autres.

☞

1. À ce jour plus de 500 publications et de 20 ouvrages concernent ce sujet.
2. www.antiprisedetete.com.

☞

9. Des difficultés voire des pathologies peuvent survenir quand on ne change plus d'état (qu'il n'y a plus de renversement) ou lorsque les états motivationnels activés et les situations vécues ne s'accordent pas, ou encore lorsque les valeurs correspondant aux états activés s'expriment de façon inappropriée.

Et pour finir, comme promis, un peu de gastronomie. Bon appétit !

La recette des linguines aux supions et artichauts

Pour 4 à 6 personnes.

Ingrédients

750 g de linguini, 500 g de supions nettoyés, 12 artichauts violets (petits), 500 g de tomates-cerises, une tête d'ail, 5 gousses d'échalote, un citron confit, 3 tomates confites, 5 tranches de chorizo, un bouquet de basilic, 20 cl de jus de citron, huile d'olive, parmesan râpé, sel et poivre...

Préparation

Commencer par équeuter les feuilles dures des artichauts, jusqu'à ne plus avoir que les plus tendres (jaunes). Les couper à 2 cm du cœur, tailler le pied et le tour du cœur de façon à ne garder que la partie comestible, puis les tremper dans le jus de citron pour empêcher leur oxydation. Égousser l'ail, détailler l'échalote. Couper les tomates-cerises en deux. Détacher la peau du citron confit et la tailler en petits dés (2 à 3 mm^2). Tailler les tomates confites en lamelles (2 à 3 mm).

Exécution

Dans une poêle faire blondir les échalotes, ajouter les artichauts (préalablement égouttés) et l'ail. Laisser revenir 5 min puis jeter les tomates-cerises et la moitié du citron et des tomates confits. Poivrer et ajuster en sel si besoin. Laisser cuire 5 à 10 min à couvert (le temps que les artichauts soient tendres à cœur au couteau). Mettre hors du feu ajouter une dizaine de feuilles de basilic ciselée puis réserver couvert.

Faire chauffer l'eau salée pour les pâtes.

Pendant ce temps, jeter une gousse d'ail écrasée, le reste du citron et des tomates confits, les tranches de chorizo, dans une seconde poêle huilée. Laisser blondir l'ail à feux doux, ajouter alors les supions, mélanger et laisser cuire 5 minutes puis réserver couvert hors du feu après avoir ajouté 5 feuilles de basilic ciselées.

☞

☞

Préparer un plat de service et le chauffer au four (90 °C)
Lorsque l'eau bout, faire cuire les pâtes et ne les sortir qu'après les avoir goûtées (en général 7 min pour les linguini *al dente*). Les égoutter et les huiler légèrement.

Service

Dans le grand plat de service, disposer d'abord les pâtes, puis les légumes et enfin les supions. Saupoudrer de parmesan râpé et décorer de quelques petites feuilles de basilic.
Servir chaud évidemment : les pâtes n'attendent pas.

« Ce qui fait l'homme, c'est sa grande faculté d'adaptation. »
Socrate

4

RETROUVEZ VOTRE « BONNE HUMEUR » !

Et le plaisir d'agir, d'être, de réussir...

ÊTRE, C'EST DÉSIRER ET BIEN ÊTRE..., C'EST BIEN DÉSIRER

Samuel est un jeune chef d'agence en difficulté. À 35 ans, grâce à une première expérience réussie de management il lui a été proposé six mois auparavant, de prendre en charge cette nouvelle agence dans une plus grande ville : dix personnes dont un assistant, Isidore, qui est « la mémoire » de l'agence puisqu'il y travaille depuis sa création, il y a 15 ans. Comme l'agence de Samuel est la plus importante, sa patronne, Sylvie, le suit de près. D'autant qu'elle va bientôt être mutée dans une autre région et compte bien en sortir auréolée d'un succès sans tâches.

Il se sent sous pression car elle lui fait beaucoup de reproches qui ne sont, d'après lui, pas toujours fondés. Lors de son dernier entretien trimestriel, elle l'a accusé de manquer de fermeté vis-à-vis de ses vendeurs et a ajouté que c'était la raison pour laquelle les résultats n'étaient pas bons.

Il est déstabilisé et craint désormais d'échouer. Il se sent oppressé car elle est en permanence en contact direct avec ses collaborateurs et contredit ouvertement ses décisions. Son assistant ne manque d'ailleurs pas une occasion de mettre en cause ses décisions dès qu'elles lui déplaisent.

Il en parle au coach qui le suit cette année, dans le cadre de son parcours d'intégration à son nouveau poste :

– Je finis par croire que je ne suis pas fait pour le management. C'est vrai que je suis plutôt participatif. On me l'a dit lors du dernier stage de management. Peut-être trop ? En tous cas, pas assez directif. Je préfère la coopération.

– Et quand vous jouez au tennis ?

– C'est différent, là c'est un jeu où le but c'est de battre l'autre. Tandis qu'au bureau, on travaille ensemble.

– Et quand votre chef vous fait des reproches injustes ? Vous avez le sentiment qu'elle est coopérative ?

– Non effectivement, je sais qu'elle le fait pour m'empêcher de lui faire de l'ombre. D'ailleurs elle a cette réputation de s'attribuer tous les succès et d'accuser ses patrons d'agence en cas d'échec.

– Et lorsqu'Isidore vous contredit devant toute l'équipe parce que Sylvie a dit ceci ou cela, vous avez le sentiment qu'il partage votre sens du « travail ensemble » ?

– Non. Et je sais bien qu'il faudrait que je le reprenne. J'ai même appris en stage la technique pour le faire, mais je n'y arrive pas. Je suis coincé.

– Et si j'en profitais pour vous dire que vous êtes donc un incapable, qu'auriez-vous à me répondre ?

(Samuel reste interloqué)

– Vous êtes un incapable !

– Non, pas vous quand même (gentiment)

– Bien. Redites-le-moi comme si vous me faisiez un smash à la volée.

– Euh... ça ne se fait pas, vous êtes mon coach... Bon d'accord : arrêtez ! (un peu plus fermement)

– Non ! D'ailleurs Sylvie vous l'a déjà dit : vous êtes un incapable...

– Je ne suis pas d'accord avec vous. Et arrêtez de répéter ce que dit Sylvie, on dirait un perroquet !

– Bravo ! Là vous avez réussi à me clouer le bec, tout perroquet que je suis ! Ce qui vous importait, c'était vous, c'était de gagner.

(Samuel sourit satisfait.)

Décryptons ce qui s'est passé. Samuel a réussi à s'affirmer car il a éprouvé le désir de gagner, peu lui importait que son coach puisse bien ou mal le prendre, c'était lui qui primait. Il était donc dans les états Maîtrise et Soi.

Il a cependant eu du mal à oser le faire. Comme si « ça ne se faisait pas ». Il était donc dans l'état mental Conforme. Un état d'esprit où l'on désire s'intégrer, ne pas faire de vague, ne pas se faire remarquer. C'est l'état dans lequel vous êtes lorsque vous assistez à une cérémonie, ou bien lorsque vous appliquez une routine à laquelle vous n'aimez pas déroger (le rituel matinal par exemple).

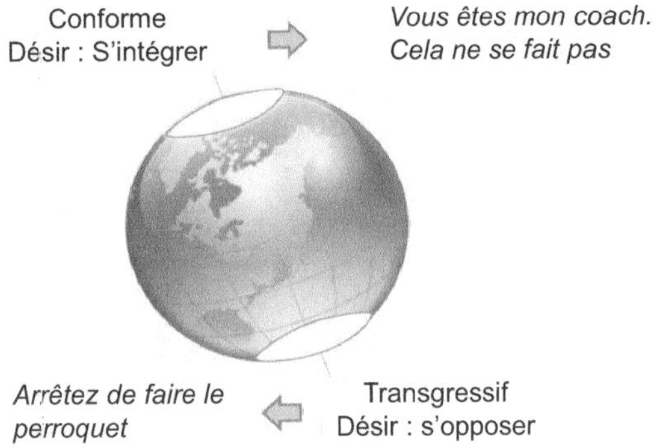

Les états mentaux Conforme et Transgressif

L'instant suivant, son coach le poussant un peu, il finit par transgresser cette règle qui s'impose à lui et obéit à un désir inverse : s'opposer. Il est passé dans l'état mental Transgressif. Un état d'esprit où l'on désire agir et penser « contre ». Vous vous mettez dans cet état mental lorsque vous avez envie de contredire quelqu'un pour avoir raison, ou bien lorsque vous vous garez sur une place de livraison en pensant par exemple « je me gare où je veux ! ».

La patronne sur le dos (suite)

Samuel ajoute : « C'est vrai, je me suis lâché. Mais avec Sylvie ou avec mes équipiers, je ne peux pas le faire aussi facilement. Il faut voir les conséquences : un mot de travers et j'ai la gueule pendant une semaine »

Quand Samuel dit craindre de ne pas réussir dans son job, il est dans l'état Sérieux. En effet, dans cet état mental, ce qui nous conduit, c'est le but à atteindre ; notre désir est de parvenir à un résultat ou encore d'éviter de subir les conséquences si nous ne l'atteignons pas. Et il en va de même pour Samuel lorsqu'il ne se lâche pas avec ses collaborateurs par crainte de les voir lui faire la tête pendant une semaine.

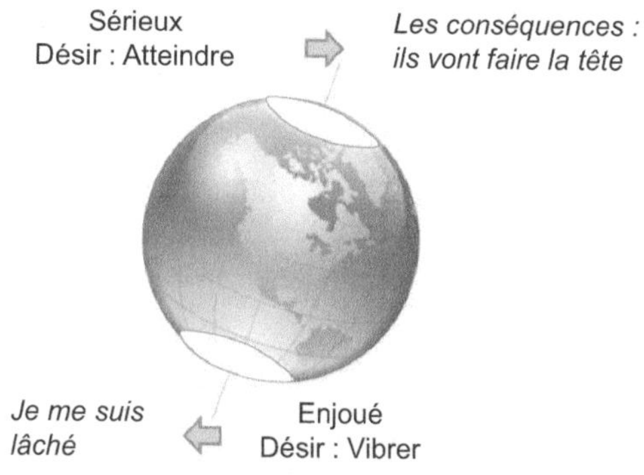

Les états mentaux Sérieux et Enjoué

À l'inverse, lorsqu'il se lâche avec son coach, il est dans l'état Enjoué. Son désir à ce moment-là est de profiter de ce moment particulier. Tandis que l'instant d'avant il cherchait sans doute à éviter de le heurter. Il craignait peut-être que le coach se fâche où le prenne mal... Finalement, le désir d'oser a été le plus fort et il a renversé dans les états Enjoué et Transgressif.

UN DÉSIR EN COHÉRENCE AVEC LA SITUATION

Pour provoquer cette envie, ce désir, le coach a provoqué Samuel qui a réussi à s'affirmer bien mieux qu'en appliquant les recettes d'affirmation de soi apprises en stage.

« Tout est question d'orientation du désir », explique le coach. « Vous dites ne pas arriver à appliquer les techniques que l'on vous a enseignées en stage, parce que vous n'êtes pas à l'aise. Pour être à l'aise, il vous faut être correctement motivé. Pour s'affirmer, il faut vouloir s'affirmer. Et pour vous cela passe par braver un interdit, une règle selon laquelle 'ça ne se fait pas'. » Les huit directions vers lesquelles orienter son désir et donc sa motivation sont représentées par la boussole que le coach montre à Samuel.

– Lorsque vous devez vous affirmer, il ne suffit pas d'appliquer une recette, il vous faut au-delà, orienter votre désir dans les bonnes directions. Quelles sont à votre avis les directions appropriées ?

– On les a vues : il me faut vouloir gagner. Ce sont donc « Moi » (à gauche du cadran) et « Gagner » (en haut et à droite). Il faut aussi que je veuille atteindre un but. C'est donc « Atteindre » et que j'ose m'exprimer : « S'opposer ».

– C'est juste. Et lorsque vous conduisez une opération commerciale avec votre équipe de vendeurs ? Qu'est-ce qui vous anime ?

– Là je le fais pour eux, ce qui m'importe, c'est qu'ils aient envie de s'y engager et pour cela je sais qu'il faut qu'ils soient impliqués.

– Vous êtes alors orienté sur Autrui, « L'autre » dans le cadran et vous voulez leur permettre de Gagner. Êtes-vous alors préoccupé par les conséquences, ou bien vivez-vous plutôt dans l'état présent ?

– Non, je pense que je cherche plutôt à profiter de l'instant car c'est quelque chose que j'aime vraiment faire. C'est le désir « Vibrer ».

Quel autre désir s'est sans doute manifesté à ce moment-là ?

– Je ne sais pas, il peut y en avoir plusieurs...

– Observez la boussole : elle est organisée en quatre paires de désirs opposés : vous pouvez vouloir faire les choses pour vous ou pour autrui (axe horizontal).

– Là c'était pour moi et pour gagner.

Ensemble, ils vont chercher à retrouver des exemples de situations où Samuel a ressenti cette combinaison de désirs. Elles sont finalement assez nombreuses : un ami avec qui il discute de politique, un de ses vendeurs qu'il a convaincu de prendre plus de rendez-vous téléphoniques, sa femme, lorsqu'ils s'opposent sur certains sujets...

– Comment se fait-il alors que votre style de management ne fasse ressortir que votre style participatif ?

– Effectivement, en situation de management, je suis toujours dans « un état d'esprit gagnant-gagnant », car je considère a priori que les autres sont raisonnables et constructifs. Mon « désir », comme vous dites est d'obtenir de la coopération intelligente.

– Sauf avec votre vendeur réticent à prendre des rendez-vous téléphoniques ?

– Oui. Dans ce cas, je savais que j'avais raison et voulais le convaincre. C'est clair.

– Et si vous essayiez de faire de même avec Sylvie ?

Ils préparent alors un rendez-vous avec elle au cours duquel Samuel devra lui demander de cesser de cesser d'intervenir directement auprès de son équipe. Samuel devra se figurer en train de jouer un match de tennis.

Depuis, il pense mentalement à diriger sa motivation vers gagnant/gagnant ou gagnant/perdant avant tout entretien. Il arrive même à faire face à sa patronne quand ses reproches sont infondés.

ENSEIGNEMENTS PRATIQUES

- Quand notre façon de voir est inadaptée, nous pouvons en changer en orientant ou en focalisant notre attention différemment : il suffit souvent de désirer autre chose.
- La bonne question n'est pas « comment faire ? », mais « qu'est-ce que je veux ou peux vouloir ? »
- Être c'est désirer. Bien être, c'est bien désirer.
- Diriger son désir détermine la façon d'être et les conduites qui en découlent.

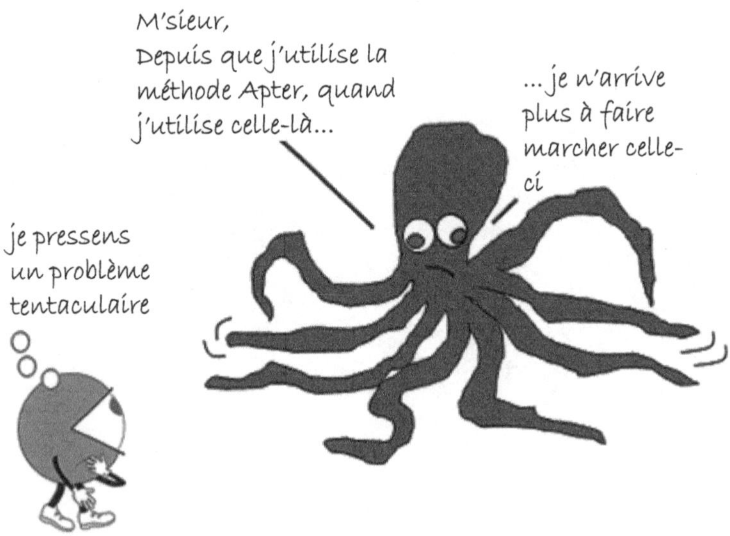

Octopus

Exercice – Alterner d'un état à l'autre

Considérez un événement contrariant arrivé aujourd'hui ou hier, un événement bénin (inutile de chercher de grosses contrariétés). Un ami a reporté un déjeuner ? Vous avez dû renoncer à une sortie au cinéma ? Ou à une séance de sport ? Examinez à présent deux façons de la vivre. Imaginez deux versants.

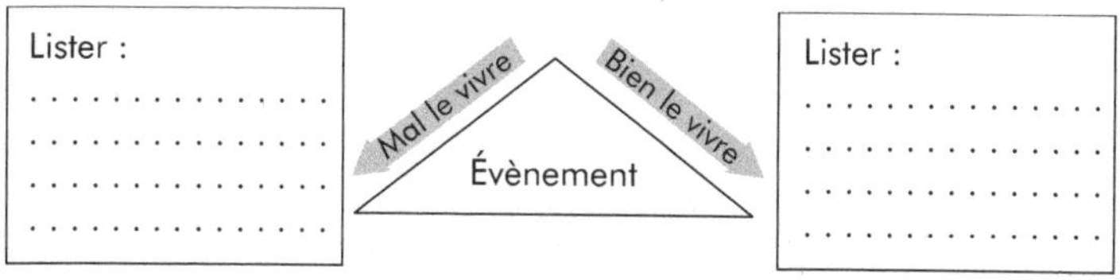

Dans le versant « mal le vivre » : vous pouvez en faire tout un plat, ruminer la déception, cultiver votre amertume en vous focalisant sur les raisons de le faire : « on ne fait pas attention à moi », « je ne peux même pas m'offrir une soirée : c'est vraiment injuste », « pour une fois que j'avais prévu de prendre soin de moi... ».

Dans le versant « bien le vivre » : vous pouvez considérer tout ce que vous pouvez faire qui vous aurait été impossible sans cet événement décevant, ou lister les bénéfices que vous allez en tirer par la suite, ou encore imaginer des émotions différentes à ressentir (de la fierté ? de l'indifférence ? de l'endurance ?...).

Faites l'exercice de jouer la scène comme un acteur de théâtre : après avoir établi les deux listes, prenez la première et déclamez-la face à un miroir, comme si vous vous adressiez à un public. Puis « jouez » l'autre versant. Notez bien que, sur chaque « versant », l'autre n'existe pas : on peut le vivre pleinement, ressentir la frustration des raisons contrariées, les émotions associées (amertume, ressentiment...).

Il se peut que vous ne parveniez pas à jouer le versant positif. On utilise souvent une image pour saisir cette idée : le fameux « cube de Necker ». À gauche, le cube vous apparaît spontanément dans l'une ou l'autre des versions proposées au centre et à droite.

Entraînez-vous à passer d'une perception à l'autre. Regardez bien le cube et décidez ce que vous voulez voir. Considérez votre déception et décidez de basculer ou de « renverser » d'une façon de voir à l'autre.

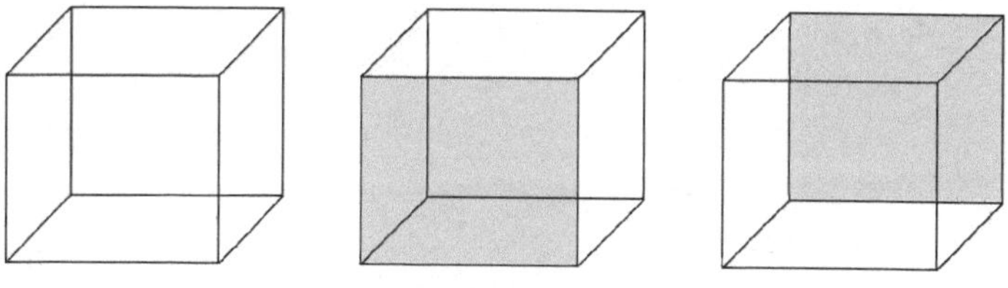

Le cube de Necker

Commencez alors par vous posez la question : « Comment accentuer encore le sentiment de déception ou de tristesse ? » Cette approche paradoxale[1], que pratique le père de Maïa avec sa fille lorsqu'il lui propose de pourrir encore plus sa journée d'anniversaire (voir chapitre 3), nous renvoie à nous-mêmes et à la notion de choix.

Prenez le temps d'explorer cette voie, complétez votre tableau. Rejouez ensuite le versant négatif dans ses extrémités les plus dramatiques. Vous pourrez ensuite plus facilement aborder l'autre versant, vous focaliser sur d'autres raisons (« Il avait autant envie que moi de ce déjeuner », « au lieu du cinéma, je vais pouvoir m'occuper de mes enfants », « cette séance de sport n'est pas très marrante »...) car vous serez alors en position de prendre du recul.

Là aussi, vous noterez que vous ressentez des émotions (compassion, soulagement, fierté...) dont certaines sont opposées à celles ressenties sur l'autre « versant ». Vous remarquerez donc qu'il est en votre pouvoir de passer d'un versant à l'autre et de ressentir le même événement de façon opposée.

Dans le monde d'Apter, on explique que pour retrouver du bien-être dans une situation que l'on ne peut pas changer, il faut changer réellement d'angle de vue. C'est donc aussi simple que cela :

1. Soit vous décidez de passer une mauvaise journée en ne considérant que les aspects négatifs de l'événement à l'origine de votre déception,
2. Soit vous décidez de passer une bonne journée et alors il ne vous reste plus qu'à trouver de bonnes raisons de le faire.

Dans les deux cas, c'est vous qui décidez.

Un plus

Moshe ne peut pas dormir parce qu'il doit un million à son voisin et il ne les a pas. Sa femme, Sarah, exaspérée, ouvre la fenêtre et appelle le voisin à tue-tête. Celui-ci finit par se réveiller et ouvre sa fenêtre. Sarah lui crie alors : « Jacob, le million que Moshe te doit, jamais il ne te le rendra. » Elle referme la fenêtre, éteint la lumière, se recouche et dit à son mari : « Allez, dors ! Maintenant, c'est Jacob qui ne peut pas dormir ! »

1. Paul Watzlawick (*Faites vous-même votre malheur*), chantre de l'approche paradoxale, a mis en évidence que pour pouvoir changer, il suffisait souvent de se forcer à ne pas le faire.

Les films qui le montrent bien

Itinéraire d'un enfant gâté de Claude Lelouch (la scène « Je vais t'apprendre à dire bonjour »)

TOUT À TRAC

Une balade qui rate son but

Pour se préparer à parler en public, **Georges** a ses rituels qu'il aime effectuer seul. Ce matin-là, il doit co-animer avec Marcel un séminaire de direction dans un petit château du Limousin. C'est une première, il a mal dormi et s'est levé tôt. Il prend le petit déjeuner avec Marcel, légèrement tendu et parlant peu. Comme il reste un peu de temps avant le début de la session, Marcel propose une petite balade dans la campagne. Marcel marche lentement et parle de choses et d'autres d'une voix douce pour tenter de détendre Georges. Curieusement cela a l'effet inverse. Plus Marcel parle et plus Georges sent monter une tension qui finit par se transformer en colère contenue. Il est de plus en plus blanc et Marcel, l'ayant noté, ralentit encore sa marche et continue son discours apaisant...

Le trac surgit en général comme une forme d'anxiété, une émotion désagréable, accompagnée parfois de signes physiques : tension musculaire, battements de cœur accrus, transpiration, etc. Il est en réalité la conséquence de l'énergie que l'organisme commence à accumuler pour faire face à la situation à venir. Cette mobilisation – automatique – est la cause de ces signes physiologiques.

Le plus souvent, en présence de ces symptômes, nous essayons de nous raisonner ou de nous en débarrasser, au motif que « vu l'état dans lequel ils nous mettent, cela ne va pas être brillant. » On nous suggère souvent – et donc nous essayons – de nous relaxer, de relativiser, de respirer, de boire de l'eau, d'écouter une musique douce, de prendre des calmants, pourquoi pas un petit verre de cognac. Détendez-vous ! Je voudrais bien vous y voir...

Ces solutions permettent en effet d'apprendre peu à peu à se détendre. Mais à trop bien se détendre, on risque de passer à côté de points essentiels.

Car d'un autre côté, n'avons-nous pas besoin de cette énergie ? La prise de parole en public est une performance : il s'agit de faire porter la voix de manière à être entendu de tous, de retenir l'attention du public jusqu'à la fin de l'exposé, de faire face au feu des questions sans se démonter. Plus le public est nombreux, plus le niveau sonore doit être élevé ; et pour que cela reste agréable à entendre, l'orateur doit être énergique et décrispé.

Ne vaut-il pas mieux utiliser cette énergie plutôt que la combattre ou tenter de la faire disparaître, comme Marcel le fait avec Georges, avec les effets que l'on a vus ?

Un détournement d'anxiété

« Tu n'aurais pas des trucs ? » **Gaëlle** est venue me voir à la fin de ma présentation, parce qu'elle-même devait en faire une, mais n'avait jamais pris la parole en public. Cela l'inquiétait visiblement. Des trucs, il y en a. De quoi organiser des stages de plusieurs jours, mais il n'était pas question de cela pour Gaëlle. Je la connaissais un peu et je savais qu'elle avait le contact facile. Pourtant elle me paraissait un peu crispée.

– Qu'est-ce qui t'inquiète ?

– Je ne l'ai jamais fait

– Mmh... Et ça te plaît, l'idée de parler en public ?

– Oui, oui, bien sûr, mais si ça se passe mal...

– Ah et qu'est-ce qui pourrait mal se passer ?

– Je ne sais pas, justement.

Je l'ai fait monter sur l'estrade. Dans la salle se trouvaient encore quelques participants qui discutaient par petits groupes.

« Est-ce que tu connais quelqu'un, là ? – Oui – Appelle-le et demande de lui de te servir de test pour le niveau de ta voix. »

Elle l'a d'abord fait à mi-voix. Évidemment, il ne s'est pas retourné. « Plus fort ! Attire son attention. » « Gérard !... » Elle s'est mise à faire des gestes. L'homme a tourné la tête. Manifestement, Gaëlle prenait confiance. J'ai dit : « Gaëlle veut faire un essai son, vous pouvez lui dire si vous l'entendez ? »

Il a hoché la tête. « Bon ben, a-t-elle dit, c'est pour un essai son : comment as-tu trouvé cette matinée ? » – « Bien, mais j'ai du mal à t'entendre. » Elle a repris plus fort. Ils se prenaient au jeu. En quelques instants, son discours est devenu plus fluide tout en restant énergique... finalement, une belle initiation !

Que s'est-il passé, d'après vous ? Est-ce que Gaëlle a réussi à se calmer pour vaincre le trac qu'elle avait à l'idée de parler en public ?

Renverser dans l'état mental opposé

Lorsque nous prenons la parole en public, nous avons en général un objectif que nous voulons atteindre. Si nous sommes focalisés sur un objectif, sur l'avenir, sur les conséquences, nous sommes dans l'état mental Sérieux. Dans cet état, l'énergie que nous ressentons – qu'on appelle l'activation – est mal vécue lorsqu'elle est intense. Elle va créer en nous soit de l'anxiété, soit de la colère[1]. Pour bien vivre une forte activation, il nous faut nous trouver dans l'état mental opposé, l'état Enjoué, celui que nous adoptons lorsque nous faisons les choses pour le plaisir, dans l'instant, sans nous préoccuper des conséquences.

Et donc en réalité anxiété (trac) et excitation (enthousiasme) sont d'origine identique : un niveau d'activation élevé que nous vivons de façon différente selon l'état d'esprit dans lequel nous nous trouvons – désagréable dans l'état Sérieux, agréable dans l'état Enjoué.

Les approches qui veulent traiter l'anxiété en baissant le niveau d'activation, par exemple par la relaxation, ont raison, mais seulement en ce que c'est bien le niveau de l'activation qui détermine le niveau de l'anxiété. Elles ont tort chaque fois que ce haut niveau d'activation est justifié par le niveau d'énergie dont on aura effectivement besoin. Par exemple, avant une performance sportive – et après tout prendre la parole est une sorte de sport. Ou si vos enjeux personnels sont effectivement élevés.

Passer dans l'état qui recherche l'énergie

Puisque l'activation est nécessaire, il semble bien préférable de se mettre dans l'**état Enjoué**, dans lequel l'activation est vécue agréablement et même recherchée. Et de fait, toutes les solutions classiques proposées peuvent fonctionner, mais à condition qu'elles vous permettent d'entrer dans cet état.

Les manières d'y entrer peuvent être différentes pour chacun d'entre nous. Mais pour tous, il s'agit d'un état dans lequel nous aimons nous sentir pleinement acteur,

1. Imaginez-vous enfiler des perles avec des gants de boxe...

nous recherchons le plaisir immédiat, nous apprécions le sentiment d'être totalement vivant, centré sur le présent, l'instant.

L'idée clé est de laisser s'exprimer l'intensité d'énergie qui monte pour profiter de l'instant.

Se jeter à l'eau

Lorsque le trac pointe son nez, c'est que notre niveau d'activation s'élève avant que nous ne puissions l'utiliser, et devient désagréable. Il se déclare toujours *avant* d'entrer en scène. Quasiment tous les acteurs, danseurs, athlètes, musiciens, sportifs etc. vous diront que la sensation désagréable disparaît une fois dans l'action.

Un truc contre le trac

L'actrice de théâtre Judith Magre raconte qu'à la première représentation de sa toute première pièce, elle se trouvait en coulisse, derrière les rideaux, tétanisée. Au moment d'entrée en scène, elle n'a pas pu bouger. Sur scène, les comédiens, alertés, meublaient tant bien que mal le blanc, en jetant des coups d'œil inquiets et furieux vers la coulisse.

Comme la situation menaçait de durer, un régisseur l'a violemment poussée dans le dos et l'a propulsée sur la scène, où elle s'est étalée de tout son long avec ombrelle et chapeau.

Croyant à un effet de mise en scène, le public a éclaté de rire. Elle s'est relevée et, regardant le public en face pour la première fois, s'est dit : « J'y suis, j'y reste. »

Utiliser son niveau d'activation

Faites comme Gaëlle et décrispez-vous en commençant à vous adresser à vos interlocuteurs avant le début de votre intervention. Un peu comme dans le théâtre de Brecht...

- Allez voir des gens et parlez avec eux de façon animée.
- Mettez de la musique, parlez fort.
- Faites des vocalises.
- Faites des mouvements des bras et des sauts pour faire circuler l'énergie (en coulisse...).

> ***Un autre truc contre le trac***
>
> Lors de la finale de la Coupe Davis de tennis Suède-France en 1998, contre toute attente, Stefan Edberg s'étant blessé, les deux équipes sont à égalité deux partout. Arnaud Boetsch entre sur le terrain pour le match décisif. Il est blanc comme un linge, se déplace raide et comme un automate. De sa chaise de capitaine, Yannick Noah lui crie : « Bouge, bouge ! »[1]

Faire de la simulation mentale

Pour les cas où vous n'avez pas la possibilité de passer à l'action ou de vous échauffer (de commencer à dépenser votre énergie), vous pouvez faire appel à la simulation mentale. C'est ce que font la plupart des sportifs qui ont un geste ou une séquence de gestes précis à produire : skieurs, sauteurs en hauteur et longueur, perchistes, plongeurs, pilotes de voltige, etc.

Visualisez-vous en train de profiter pleinement de ce que vous allez faire, déroulez mentalement la séquence réussie de ce que vous avez à faire, mobilisez-vous entièrement

1. Yannick Noah – *Secrets, etc.*

sur le film que vous déroulez dans votre tête. Veillez à privilégier le film de l'action en ressentant au présent le plaisir de faire[1]. Vous pouvez aussi vous imaginer en train de bouger les bras, faire des vocalises, etc. Si les effets ne sont pas exactement les mêmes qu'en le faisant réellement, ils s'en rapprochent.

Garder le rythme

Une fois dans l'action, il s'agit d'y rester en maintenant un bon niveau d'activation et l'état mental Enjoué.

Le truc d'Agassi

Si vous avez l'occasion de revoir un match de tennis d'André Agassi dans la deuxième partie de sa carrière, vous vous rendrez compte qu'il n'arrête pas de bouger entre les points, marchant à petits pas rapides, ce qui lui permet d'entretenir son activation. Autrement dit, c'est sa façon de rester dedans.

Faire état de ce que vous ressentez

Si vous devez prendre la parole, commencez en faisant état de ce que vous ressentez.

Le truc du banquier

Le nouveau président de la banque avait réuni tous les dirigeants pour exposer sa nouvelle stratégie ; environ deux cents personnes étaient assises dans l'amphithéâtre. Quand vint son tour de parler, il prit le micro, avança sur l'estrade sous les projecteurs et commença en disant : « Hm. C'est vrai que c'est impressionnant. Je suis un peu ému de me tenir là devant vous... »

1. Édith Perreaut-Pierre – *La gestion mentale du stress pour la performance sportive.*

Dans l'état mental Enjoué, ressentir et exprimer des émotions fait partie du plaisir de la vie.

Et Georges dans tout cela ?

Son besoin de s'affranchir de la situation a pris le dessus : il est passé dans l'état Transgressif dans lequel l'anxiété se transforme en colère.

Le truc de Tarzan

L'image de Droopy[1] lui passe par la tête, « Attends ! » dit-il à Marcel. Il marche rapidement jusqu'à un petit bois voisin, y pénètre et pousse longuement le hurlement de Tarzan. Puis revenant jusqu'à Marcel, il ajoute avec un sourire en coin « Les comédiens ont l'habitude de se chauffer la voix... »

> CE QUE NOUS POUVONS RETENIR DE CES HISTOIRES
>
> - Anxiété (trac) et Excitation représentent les deux faces d'une même pièce : l'activation, c'est-à-dire le ressenti d'une intensité d'énergie mobilisée face à une situation.
> - Selon l'état mental dans lequel nous nous trouvons, cette intensité est vécue agréablement (dans l'état Enjoué) ou désagréablement (dans l'état Sérieux).
> - Lorsque l'intensité est désagréable, nous sommes anxieux et la plupart des méthodes tentent de réduire cette intensité (trouver du calme dans l'état Sérieux).
> - L'éclairage de la théorie du renversement suggère d'utiliser et de bien vivre cette énergie dans l'état Enjoué.

1. Tex Avery, *Rock-a-bye-bear*, Warner Bros.

Les films qui le montrent bien

La danse de Michelle Jenneke
http://www.dailymotion.com/video/xs916f_michelle-jenneke-dance_fun#.UWbj7UrmAVA

Une difficulté peut surgir du fait que pour se donner à fond, il faut se sentir en sécurité. Comment constituer ce sentiment ?

LE BESOIN DE PROTECTION

Malade le jour fatidique

En ce mois de juin, **Amélie** va passer un concours. Bûcheuse et organisée, elle a tout parfaitement révisé. Malheureusement, peut-être était-elle un peu trop nouée par le côté « concours », le dîner n'est pas passé. Malade, elle a passé une nuit épouvantable et la voilà, pâle et décomposée, conduite par sa mère au centre d'examens. Après un trajet silencieux, la mère regarde sa fille ; sa brillante étudiante a l'air d'une toute petite chose. Elle ne sait pas trop comment l'encourager. Prise d'une inspiration subite, elle lui demande : « Tu as déjà vécu une situation où tu devais passer un examen en étant malade ? »

Amélie ne réfléchit pas longtemps « Oui, une audition de piano » – « Et ? » – « Ça s'est bien passé ». La maman sourit et dit « Alors ça va aller ». Amélie acquiesce, embrasse sa mère et file vers le centre.

Les aléas font partie de la vie. Amélie a parfaitement réussi son concours et c'est évidemment dû au travail acharné qu'elle a fourni avant. Mais aurait-elle été pleinement en mesure de concourir sans les trois phrases qu'elles ont échangées ?

Un nouvel éclairage

Le sentiment de sécurité apparaît lorsque nous avons une sorte de *cadre protecteur*, quelque chose qui nous permet de ressentir que nous ne risquons rien. Le contenu de ce cadre est différent pour chacun de nous et selon les situations rencontrées, mais il peut prendre trois formes.

Le cadre d'assurance

La confiance, l'assurance personnelle sont souvent basées sur la fiabilité du matériel, la validité de la méthode, la qualité des partenaires, la compétence et l'expérience personnelles. C'est ce cadre qu'Amélie a pu installer.

> ***L'assurance de Gaëlle***
>
> Pour **Gaëlle**, dont nous parlions dans le chapitre précédent, il lui fallait d'abord avoir une première expérience, que son collègue lui a suggérée d'avoir sur le champ. Ils ont ensuite discuté de ce qui lui permettrait de se sentir bien. En fait, partout où elle devait parler, elle connaissait des gens, maintenant tout allait bien pour elle. Elle a imaginé d'arriver un peu plus tôt pour pouvoir leur parler avant.

Le cadre de zone de sécurité

Nous le ressentons en général quand nous nous sentons chez nous, par exemple dans notre baignoire. C'est aussi le cas dans l'action pendant les situations d'entraînement réel ou les répétitions. Dans ces cas, en effet il est possible de faire « comme si » c'était « pour de vrai » et de s'imaginer face à ce qui est le plus menaçant, difficile ou délicat. Mais on peut aussi faire une pause, réfléchir à ce qui se passe et reprendre où on l'a choisi.

La sécurité de Frédéric

Curieusement, Frédéric, récent cuisinier amateur, se sent plus à l'aise lorsqu'il teste une recette pour la première fois – car il n'a rien à perdre –, que lorsqu'il la reproduit – parce qu'il se donne moins le droit à l'erreur.

Le cadre de détachement

Il est lié au sentiment que l'on est plus observateur qu'acteur de la situation. C'est celui qui nous permet de vibrer en assistant par exemple à un match sportif ou une performance risquée, comme au cirque ou devant des performances extrêmes. C'est aussi celui qui est en place lorsque nous nous contentons d'imaginer une situation et de nous imaginer en train d'y faire face.

Comment installer un cadre protecteur ?

Faire appel à un mentor réel ou imaginaire

Joker

Alain est conseil de direction, spécialisé dans l'organisation. Mais il arrive que ses clients lui posent des questions qui sortent de son expertise. Un jour qu'il étudiait avec un directeur général les conséquences de la vente possible d'une des activités de la société, celui-ci lui demanda quelle communication il devait envisager après la consultation des partenaires sociaux.

« Joker, dit-il, en plaisantant, c'est un peu en-dehors de mes compétences... mais je peux demander à mon associé ». À peine avait-il dit cela qu'il se mit à traiter le problème sans y penser. « En fait c'est une question de cible : tu as deux cibles très différentes, les personnes qui sont supposées partir et celles qui resteront. Les deux ont besoin et envie d'entendre des choses très différentes. Pour les premiers... »

La question posée par le directeur général avait induit chez lui un état Sérieux, soucieux des conséquences, et dans son rôle de conseil, il ne voulait pas engager des solutions non valides. D'ailleurs, il n'en trouvait pas. En introduisant mentalement son associé dans la discussion, il s'était créé un cadre protecteur de zone de sécurité – « je peux toujours vérifier avec lui après » – qui lui avait permis de renverser dans l'état Enjoué et de suggérer des solutions de bon sens.

Un cadre protecteur

Vérifier la réalité et la solidité du cadre d'assurance

Vous disposez généralement d'un cadre d'assurance lorsque vous ressentez un certain équilibre entre la difficulté de la tâche et vos capacités à la remplir. Avant de vous lancer dans un projet, vérifiez si la perception que vous en avez est légitime avec une évaluation « grosse maille » :

- Quel est le niveau de difficulté de ce que vous avez à faire ? Notez-le entre 1 et 10.
- Quel est le niveau d'expérience que vous avez de cette situation ou de situations similaires ? Notez-le entre 1 et 10.
- Réévaluez éventuellement la difficulté.
- Quelle est votre capacité à faire face, quels sont vos points forts ? Notez-les entre 1 et 10.
- Si votre estimation de la difficulté se situe plus de 2 points *au-dessus* de celle de votre capacité, vous avez un risque de rater votre cible, travaillez vos points forts (si vous avez le temps) ou réduisez vos ambitions.
- Si votre estimation de la difficulté se situe plus de 2 points *en-dessous* de celle de votre capacité, vous avez un risque de ressentir de l'ennui dans l'état Enjoué et donc, sans vous en rendre compte, de prendre des risques inutiles ou de lasser tout le monde. Ajoutez volontairement un peu de difficulté.

Identifier et installer vos cadres personnels

Deux précautions valent mieux qu'une

Dans le domaine des exposés en public, **Jacques**, directeur d'un centre de recherche, a pour crainte principale que le matériel tombe en panne, et il double systématiquement tous les supports. Il apporte même son mini-projecteur portable au cas où.

Jacques met ainsi en place un cadre d'assurance pour son état Maîtrise. La plupart des artistes avant d'entrer en scène, installent un cadre protecteur Maîtrise & Conforme, en suivant un rituel immuable, comme manger un plat de nouilles ou faire la sieste sur place... Les joueurs de tennis professionnels comme Raphaël Nadal préparent toujours leurs affaires de la même manière. Ils savent ainsi que tout est en place.

Les films qui le montrent bien

L'Odyssée de Pi, de Ang Lee.

ON NE VA PAS SE GÂCHER LA SOIRÉE !

Distrait au concert

Vous avez quitté rapidement votre lieu de travail. Ce dernier coup de téléphone vous a légèrement mis en retard. Votre frère a un petit problème financier (oh passager) et vous demande un coup de main, deux ou trois sujets professionnels peu évidents vous trottent encore dans la tête, votre aide-ménagère (gardienne, baby-sitter) n'est pas sûre d'être encore là l'année prochaine, mais ce soir c'est la fête, vous allez au concert. Durant le trajet, vous vous détendez un peu et vous réfléchissez à toutes ces questions, ces décisions à prendre, ces solutions à trouver.

À la salle de concert, vous retrouvez des amis – embrassades, nouvelles fraîches, « oui, non, quelques soucis mais ça va, et vous ? » – et vous vous asseyez. Mais vous n'y êtes pas. Vous vous inquiétez concernant votre frère... lorsqu'une fanfare

> de cuivre vous fait sursauter. Plongé(e) dans vos pensées vous n'avez pas remarqué l'arrivée du premier violon qui déclenche l'accord des instruments de l'orchestre.
>
> Vous prenez brusquement conscience que vous êtes envahi(-e) par vos sujets, et que si vous ne trouvez pas une solution vous allez passer à côté de votre concert. Et c'est un programme que vous aimez bien !

Certains d'entre nous, certains jours, pour certains sujets, peuvent se retrouver dans des contradictions similaires, encombré de préoccupations qui ne sont pas de mise dans une salle de spectacle. Et alors que faire ? S'excuser auprès des amis et rentrer chez soi ou rester sur place et perdre la moitié (au mieux) du concert puis s'en vouloir de ne pas être capable de se concentrer ou se culpabiliser de l'argent et du temps bêtement gâché ?

En termes d'états mentaux, vous pensez à l'avenir, appréciant le calme, et sujet à des inquiétudes pour les problèmes qui n'ont pas encore reçu votre décision (état Sérieux). Vous pouvez simplement décider de consacrer une partie de ce temps musical de la fin de votre journée à réfléchir à vos petits problèmes. Après tout vous êtes là pour vous détendre. Cela vous évitera de culpabiliser.

Mais si vous préférez vous retrouver bien au présent, toutes oreilles dehors, pour accueillir l'interprétation qui vous sera proposée, c'est plutôt l'état Enjoué. Comment passer dans ce cas de l'un à l'autre ?

Une technique mentale, efficace dans l'état Sérieux, consiste à vous ménager l'espace de votre concert. Pour cela, il vous suffit de lister mentalement vos principaux sujets de préoccupation et les décisions que vous avez à prendre puis de les situer un par un dans votre agenda.

Pour les décisions à prendre : Quelle décision pouvez-vous prendre tout de suite ? (Pour mon frère, j'appelle le banquier demain matin.) Sinon quand pouvez-vous réserver du temps pour la prendre ? (Pour l'aide-ménagère, cela attendra demain soir.)

Pour un sujet demandant un peu de travail ou de réflexion : Quand allez-vous lui consacrer du temps, éventuellement comment ? (Pour tel sujet professionnel, je relirai un article avant la prochaine réunion, disons jeudi midi. Je peux aussi appeler untel demain.)

Si cela ne suffit pas pour renverser dans l'état Enjoué, regardez autour de vous ; prenez conscience du cadre protecteur dans lequel vous êtes : une « zone de sécurité ». Dans une salle de concert, avec des amis, téléphone coupé, il ne va rien vous arriver dans les deux heures qui viennent. Autorisez-vous à ressentir cette protection. Le chef d'orchestre vient de rentrer, faites-vous le plaisir de l'applaudir énergiquement.

CE QUE NOUS POUVONS RETENIR DE CES HISTOIRES

- Lorsque nous sommes dans l'état Enjoué, nous ressentons un *cadre protecteur*. Celui-ci nous indique que nous pouvons être et agir dans l'instant sans nous préoccuper des conséquences.
- Notre cadre protecteur peut prendre trois formes : le cadre d'assurance, généralement fondé sur la compétence et l'expérience ; le cadre de zone de sécurité, qui nous autorise à recommencer en cas d'erreur ; le cadre de détachement, qui nous place en spectateur de l'action.

Quelques précisions utiles

Renversements

Un renversement est un changement instantané et sans mélange d'un état à son opposé dans une même paire. C'est un peu comme une parmi deux chaînes de télévision. Vous pouvez regarder soit l'une soit l'autre mais pas les deux à la fois. De même, à chaque instant, un des deux états motivationnels est

☞

☞

activé et pas l'autre. Votre expérience, ce que vous vivez, change selon l'état motivationnel activé.

Changement de focale

Un changement de focale est un changement instantané et sans mélange d'un état à un autre état d'une autre paire. Sur les téléviseurs les plus récents, il est possible d'incruster l'image d'une autre chaîne en plus petit. Il en va de même pour les états motivationnels des autres paires. En grand sur l'écran, se trouve le programme sélectionné – l'état motivationnel focal activé. En petit, dans la vignette se trouve la chaîne que vous surveillez – l'état motivationnel activé de la paire en support. En sélectionnant la vignette, son programme passe en principal et le principal passe en vignette. C'est le changement de focale.

Origine des renversements

Les renversements se produisent spontanément dans notre vie quotidienne pour 3 raisons :

– le changement de la situation,
– la saturation de l'état actif,
– la frustration d'un autre état inactif.

Par exemple, lorsque vous êtes engagé dans un travail un peu long que vous voulez absolument finir (états Sérieux-Conforme), un ami peut vous appeler au téléphone (changement de situation), vous pouvez brusquement estimer que vous en avez assez fait (saturation) ou ressentir le besoin de vous remuer (frustration de l'état Enjoué) ou d'aller prendre l'air (frustration de l'état Sympathie).

Objet de satisfaction

Les états motivationnels ne sont pas des motivations. Ce sont bien des états, portant un désir dont la satisfaction peut être réalisée de différentes manières. Par exemple, lorsque vous faites un trajet en voiture avec le désir d'arriver, vous êtes dans l'état Sérieux. Mais la satisfaction de votre état peut être atteinte soit par le fait de trouver une place, soit par le fait d'être à l'heure à votre rendez-vous.

UN PEU D'ENTRAÎNEMENT

Exercice – Le plateau de fromage

Quels sont à votre avis les états mentaux de chaque convive ?

Carole et Jacques recevaient. Le dîner battait son plein et tous les convives participaient avec entrain à la conversation *[enjoué]* qui sautait comme à son habitude du coq à son âne *[transgressif]*. Carole jeta un coup d'œil à sa montre [*sérieux, conforme]* et demanda :

– Quelqu'un reprend-il du fromage ? *[..........]*

Vincent fronça les sourcils, cela ne se faisait pas de repasser le fromage *[..........]*. Il secoua la tête négativement. Tout le monde avait perçu son mouvement de réprobation surprise. Un silence suivit pendant lequel chacun pesa le pour et le contre.

– Ton Saint-Nectaire est délicieux, dit finalement Antoine. La pâte est particulièrement onctueuse, elle glisse en fondant dans la bouche.

Et il prit le plateau pour se servir *[..........]*.

– Je l'ai déniché à Saint-Flour, confirma Jacques en se redressant *[.........., ...]*. Rien que pour vous.

Il passa le plateau. *[.........., ...]*

– Dans ce cas... dit Véronique en se coupant une petite tranche. *[.........., ...]*

– On a peut-être assez consommé de matières grasses ? suggéra Sophie en refusant d'un geste de main *[.........., ...]*

– Vive les Oméga 3 ! la taquina Hector du haut de son quintal, mais moi j'ai encore un petit creux.

Il se resservit *[.........., ...]*.

– Je crois que je vais en reprendre, dit Blandine.

– Je croyais que tu étais au régime, pointa Véronique *[..........]*.

– Justement !

Elle fusilla Véronique du regard en saisissant le couteau. *[.........., ...]*.

– Tu as raison, dit Véronique, malicieuse. Un Saint-Nectaire venant de Saint-Flour ne peut pas faire de mal. Cela devrait même nous rapprocher de Dieu. *[.........,..........]*

Solution du plateau de fromage

Le dîner battait son plein, tous les convives participant avec entrain à la conversation *[enjoué]* qui sautait comme à son habitude du coq à son âne *[Transgressif]*. Carole jeta un coup d'œil à sa montre *[Sérieux, Conforme]* et demanda:

– Quelqu'un reprend-il du fromage ? *[Autrui]*

Vincent fronça les sourcils, cela ne se faisait pas de repasser le fromage *[Conforme]*. Il secoua la tête négativement. Tout le monde avait perçu son mouvement de réprobation surprise. Un silence suivit pendant lequel chacun pesa le pour et le contre.

– Ton Saint-Nectaire est délicieux, dit finalement Antoine. La pâte est particulièrement onctueuse, elle glisse en fondant dans la bouche.

Et il prit le plateau pour se servir *[Enjoué]*.

– Je l'ai déniché à Saint-Flour, confirma Jacques en se redressant *[Maîtrise, Soi]*. Rien que pour vous. Il passa le plateau. *[Sympathie, Autrui]*

– Dans ce cas... dit Véronique en se coupant une petite tranche. *[Sympathie, Autrui]*

– On a peut-être assez consommé de matières grasses ? suggéra Sophie en refusant d'un geste de main *[Sérieux, Conforme]*

– Vive les Oméga 3 ! la taquina Hector du haut de son quintal, mais moi j'ai encore un petit creux.

Il se resservit *[Enjoué, Transgressif]*.

– Je crois que je vais en reprendre, dit Blandine.

– Je croyais que tu étais au régime, pointa Véronique *[Conforme]*.

– Justement !

Elle fusilla Véronique du regard en saisissant le couteau. *[Maîtrise, Transgressif]*.

– Tu as raison, dit Véronique, malicieuse. Un Saint-Nectaire venant de Saint-Flour ne peut pas faire de mal. Cela devrait même nous rapprocher de Dieu. *[Enjoué, Transgressif]*

5

LES CINQ MOMENTS CLÉS DE LA MÉTHODE APTER

Exemples de cas et leur solution, au bureau, en famille, en couple, au bar...

MAINTENANT que vous disposez d'une boussole pour vous orienter, vous pouvez l'utiliser de la manière suivante :

1. Je prends conscience d'être coincé(e) dans l'alternative ne pas agir/ne pas subir, et je la rejette.

2. Je me donne le choix grâce au changement de regard.

3. J'identifie l'état mental qui est à l'origine de la frustration.

4. J'explore mes 7 autres désirs.

5. Je change d'état d'esprit et adopte une meilleure motivation.

Finalement, je parviens même alors à changer la situation.

Regardons en pratique différentes situations où il a été utile de sortir sa boussole de sa poche.

J'AI UN « P'TIT CHEF » OU LA RECONNAISSANCE PERDUE

Il veut tout contrôler

« Comment tu fais pour gérer un p'tit chef qui veut valider les comptes-rendus de réunion que tu rédiges, alors qu'il n'a même pas assisté à la réunion ? »

La question en est à peine une. Clara, qui déjeune avec **Célimène**, pose sa fourchette en pensant : « C'est mon jour ! Déjà Jérémie ce matin... » Mais Célimène est une bonne amie, et Clara se fait expliquer la situation.

Il y a deux ans, le chef de service avec qui Célimène travaillait depuis longtemps, était parti poursuivre sa carrière ailleurs. Célimène, qui espérait obtenir ce poste, ne l'avait pas obtenu et avait vu « débarquer un jeune, frais émoulu des écoles, qui s'était mis en tête d'avoir un avis sur son travail alors qu'il n'y connaissait rien ». En fait celui-ci désire reprendre les activités qui plaisent à Célimène.

Elle s'était alors mise à chercher un poste à l'extérieur. Elle avait trouvé une opportunité intéressante mais qui ne serait disponible que dans un an. La voilà obligée de rester. Elle décide de continuer à mener son travail comme elle l'entend, sans trop en référer au « blanc-bec ».

Récemment, à l'issue d'une réunion où elle représentait le service, elle a rédigé un compte-rendu qu'elle a volontairement omis de transmettre en copie au chef de service. Ce dernier lui a envoyé un courriel lui disant qu'il souhaitait valider tous les comptes-rendus.

La perte de l'autonomie

Lorsqu'un changement intervient, certaines personnes n'arrivent pas à entrer spontanément dans le nouvel univers ainsi créé. Elles se sentent remises en cause dans leurs capacités (expertise, influence, capacité d'action...). En l'occurrence, Célimène se sent perdre de son autonomie et de sa compétence.

Vu au travers de la Théorie du Renversement, son état motivationnel Soi est frustré. À la différence des états Sérieux et Enjoué, pour lesquels c'est l'intensité, l'activation, qui donne la tonalité agréable ou désagréable de notre expérience, lorsque les états Soi ou Autrui sont en cause, l'agrément ou le désagrément viennent du fait de **gagner** ou de **perdre**.

Si nous nous focalisons sur ce que nous avons perdu, la tendance naturelle est de chercher à rééquilibrer les choses, de façon à pouvoir se sentir à nouveau – selon les cas – bénéficiaire, gagnant, victorieux ou au moins à égalité.

Nous personnalisons alors le problème : c'est nous qui sommes mis en cause, nous ne sommes plus reconnus. Il nous faut donc un coupable : celui qui ne nous reconnaît pas. La relation entre nous et lui est déséquilibrée ? Nous allons remettre les pendules à l'heure ! Mais dans le cadre d'une relation tendue, cette tendance, destinée à restaurer notre fierté ou l'estime de nous-mêmes, risque de tourner au cauchemar.

Surtout si la possibilité de mettre fin à la situation est interdite par des considérations toutes matérielles (pas de poste disponible pour Célimène).

Ne cherchons pas ailleurs l'origine de la vendetta[1]...

Que faisons-nous d'habitude ?

On commence par disqualifier l'autre. Ce n'est pas un interlocuteur valable : « il n'y connaît rien », « petit chef ». Parvenu à ce point de la discorde, on s'ouvre à ses amis des

1. Pétillon – *L'enquête Corse*, Albin Michel, 2000.

difficultés que l'on a à travailler avec des nuls. Dans certains cas, on peut patienter en espérant le retour au calme. Mais il est difficile de faire la part des choses entre la sagesse qui donne du temps au temps et la politique de l'autruche. La patience est parfois une forme de déni.

La rupture de la relation, si c'est le parti auquel on se résout, peut prendre plusieurs formes :

- évincer l'autre : le licencier ou le muter si on est le hiérarchique, ou le dénigrer auprès de personnes qui ont plus de pouvoir que lui ;
- arrêter toute communication ;
- réduire son activité au minimum : « de toutes façons ce job n'est qu'alimentaire » ;
- démissionner, chercher du travail ailleurs.

Les méthodes de résolution de conflit – encore des techniques – suggèrent de mettre les choses à plat : s'affirmer, aller écouter le point de vue de l'autre et négocier gagnant-gagnant. Cependant, quelqu'un qui se sent humilié aura du mal à être à l'écoute. Et s'il s'affirme, il risque de générer des réactions négatives. Dans la position du hiérarchique, il est difficile de ne pas vouloir prioritairement se faire respecter, quitte à créer les conditions d'une communication ambiguë : les phrases sont apaisantes et le ton est menaçant. Dans celle du subordonné, il est difficile de considérer que c'est à soi d'aller trouver son supérieur pour essayer de parler. De toute façon, la communication a été coupée.

Les tenants de la voie de la sagesse suggèrent de prendre du recul, car notre sentiment de perte n'est qu'un biais de perception. L'attention que nous portons à ce que nous avons perdu ne nous permet pas de voir ce que nous avons peut-être gagné. C'est l'histoire du verre à moitié vide et du verre à moitié plein. Mais que nous importe qu'il soit l'un ou l'autre si nous n'avons pas soif ?

Traduction dans le monde d'Apter

Célimène a choisi de s'ouvrir à une amie de confiance, qui ne sera pas du genre à acheter sa complainte : « Ma pauvre, qu'est-ce que tu dois en baver... », ni à en profiter pour lui faire remarquer ses défauts récurrents : « Tu as toujours été une autocrate... », mais qui, attentive, lui propose de mettre au jour méthodiquement ses désirs pour éclairer sa décision.

1. Prendre conscience de la spirale

Reconnaître en premier lieu que nous sommes coincé dans la spirale : je ne peux pas changer la situation / je ne veux pas la subir, et rejeter cette spirale.

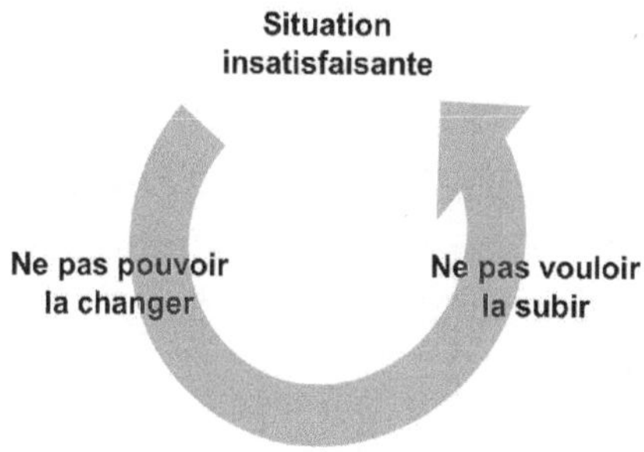

Coincé dans la spirale du mal-être

De fait, Célimène s'est bien rendu compte qu'elle est coincée mais, faute de boussole, elle ne sait quel chemin suivre. Sa question « comment tu fais... ? » montre qu'elle est un peu désemparée et qu'assez naturellement, elle cherche une recette pour se sortir de là. Il suffit à ce point de reconnaître le dilemme : Célimène n'aura pas de poste avant un an, elle ne veut pas continuer à subir ce chef qui la dévalorise, elle est dans l'impasse. Puis de le rejeter. Célimène a déjà fait ce chemin puisqu'elle cherche une solution.

2. Se donner le choix

Nous avons le choix de la troisième solution : changer d'état motivationnel, changer de regard, et le monde nous apparaît différemment.

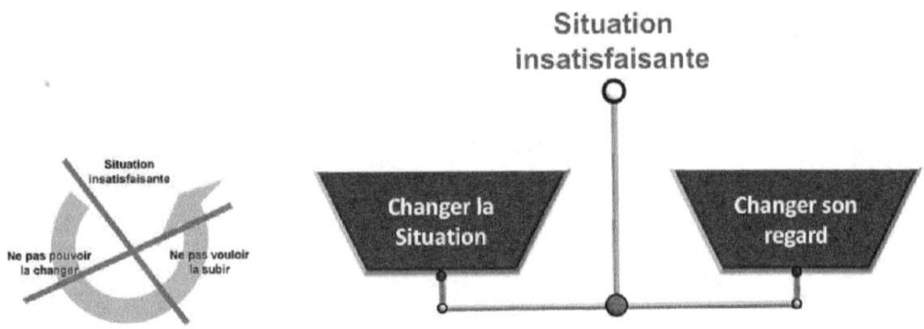

La balance du bien-être

Clara, qui connaît la Théorie du Renversement, n'a plus aucun doute là-dessus ; mais pas Célimène. Pour le lui démontrer, elle prend un exemple dans la situation décrite par Célimène.

> ***Il veut tout contrôler (suite)***
>
> – Tu ne risques rien si tu continues comme ça ? demande Clara.
>
> Célimène réfléchit.
>
> – Non, non, enfin je ne pense pas.
>
> – De toute façon, si c'est réellement un petit chef, ajoute Clara, il peut tomber sous le coup du harcèlement moral.
>
> Célimène est devenue pensive.

– D'un autre côté, poursuit Clara avec un sourire entendu, c'est assez amusant de ne pas le mettre en copie des comptes-rendus.

Célimène le reconnaît en riant. Clara s'explique :

– Tu vois, c'est la même situation. Pourtant, d'un côté tu la regardes avec sérieux et tu pourrais t'inquiéter, de l'autre tu la regardes avec le plaisir espiègle de jouer au chat et à la souris. Et c'est toi le chat. Les situations sont ce qu'elles sont, mais la manière dont on les vit, et dont on arrive à les traiter, dépend de la façon dont on les regarde.

3. Identifier les raisons du mal-être...

Il s'agit de repérer quel est l'état mental dans lequel nous sommes et qui est frustré. Clara a fait l'hypothèse que ce sont les états Maîtrise et Soi. Elle a pu les identifier de différentes façons :

– par la logique parce que c'est une question de pouvoir ou de contrôle ;
– par les sensations parce que Célimène se sent affaiblie, dévalorisée, remise en cause ;
– ou par les émotions parce qu'elle se sent vexée, coincée, bafouée, humiliée.

> Cependant, nous voyons ce que font les autres, nous entendons ce qu'ils disent, mais nous ne pouvons pas savoir a priori quels sont leurs états motivationnels activés. Mieux vaut vérifier.

Pour s'assurer de son hypothèse, Clara montre la boussole à Célimène et lui demande d'identifier ses états mis à mal. Effectivement, Célimène reconnaît l'état Maîtrise, mais elle ajoute que le départ de son chef précédent a été difficile à vivre, car l'équipe a été en partie renouvelée et elle n'a pas pu renouer d'aussi bonnes relations avec les nouveaux arrivants (état frustré Sympathie).

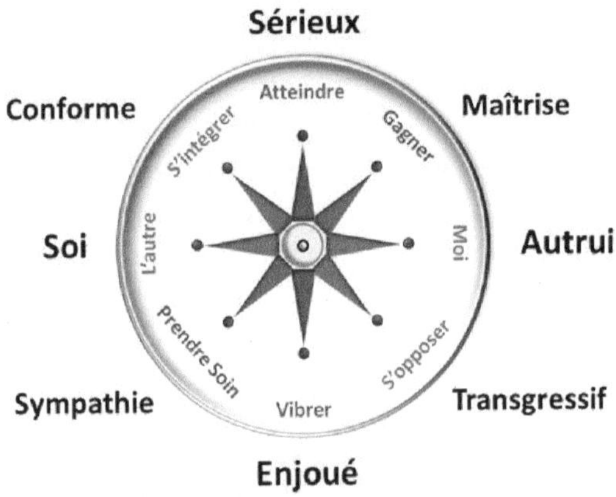

Les désirs dans tous leurs états

4. Explorer les 7 autres façons de voir

Célimène parcourt alors la boussole dans l'ordre qui lui plaît, guidée par les explications de Clara, et exprime ses désirs.

> ***Il veut tout contrôler (suite)***
>
> Sérieux : l'accomplissement. « Je n'ai plus grand-chose à espérer ici, mais dans un an le poste me conviendra beaucoup mieux. À court terme je voudrais qu'on ne me tombe pas dessus. »
>
> Enjoué : vibrer. « C'est compliqué parce qu'on ne me demande plus de participer à des congrès internationaux. J'aimerais refaire des voyages. »
>
> Transgressif : s'opposer. « Oui, c'est ce que je fais quand je joue avec le p'tit chef. Ce n'est pas forcément la meilleure manière. Cela ne me paraît pas très important. »

Conforme : s'intégrer. « Je n'en ai pas forcément envie plus que ça. Mais je ne tiens pas non plus à tomber dans un placard. C'est vrai qu'avec le temps que j'ai pris pour chercher un autre poste, j'ai du travail en retard. »

Sympathie : prendre soin, échanger. « Après le départ de mon ancien chef, les relations au bureau sont devenues quelconques, mais du coup, j'ai un peu plus de temps pour moi et pour mes amis. Sympathiser avec lui ? Tu n'y penses pas ! »

« Tout compte fait, ce que je souhaite surtout, c'est avoir la paix et qu'il me laisse tranquille avec ses comptes-rendus. »

Arrivée à ce point, Célimène s'arrête.

Avez-vous remarqué qu'il manquait quelque chose ? Quels états motivationnels n'ont pas été évoqués ? Même en toute confiance, nous avons parfois du mal à aborder les sujets qui nous dérangent.

Clara reprend :

– Il y a un désir que tu n'abordes pas : Autrui. Quand tu me dis que « ce type » est beaucoup trop jeune, sorti des écoles et incompétent sur ton domaine, tu me dis surtout en quoi il est différent de toi. Ça, c'est l'orientation Soi. Certes, il est possible qu'il soit incompétent et se comporte comme un « p'tit chef »... mais c'est aussi son premier poste d'encadrement, et il peut ne pas savoir comment s'y prendre avec toi. Sans lui tomber dans les bras, on peut se mettre deux secondes à sa place. Il a dû apprendre que tu voulais ce poste, et le moins qu'on puisse dire c'est que tu ne lui facilites pas la tâche. (Rires). Et pour le compte-rendu, tu dois te douter que le pire pour un responsable, c'est de s'entendre demander par son propre chef : « C'est quoi, cette histoire ? » et de ne pas être au courant.

On peut comprendre qu'il souhaite être informé de ce qui se passe dans son équipe. La question ne se posait pas avec ton ancien chef parce que vous travailliez beaucoup ensemble.

5. Changer d'état motivationnel

Clara marque un temps, car elle voit que son amie intègre ce qu'elle dit. Célimène finit par préciser : « C'est vrai qu'il n'y est pas pour grand chose. La direction lui avait promis un autre poste mais il a été supprimé. Elle a dû trouver plus simple de le recaser ici. Enfin ! Il n'est pas très bon quand même. »

« Finalement dit Clara, si on revient à tes désirs de Maîtrise, comment peux-tu reprendre le contrôle de ta situation ? »

Avec cette dernière question, Clara boucle la boucle. En effet l'état motivationnel Maîtrise initialement frustré doit trouver une autre manière de se satisfaire, sinon le problème risque de ressurgir autrement et ailleurs. Au final, en passant par l'état Autrui, Célimène abandonne ses idées de revanche, et pour satisfaire son état Enjoué, elle décide de négocier des budgets avec son directeur pour participer à des missions internationales.

Y a-t-il des états plus adaptés pour suivre cette méthode ? et pour chaque étape ?

Pourquoi cette question ? N'oublions pas que nos états motivationnels sont actifs et changent au présent. Quels sont les désirs adaptés pour dérouler la méthode, au moment où Clara et Célimène déjeunent, est une question différente de : quels sont les désirs adaptés pour Célimène lorsqu'elle travaille. C'est à la première de ces deux questions que nous nous intéressons ici.

- Si on suit seul(e) la méthode, il est bien venu de se trouver globalement dans l'état Enjoué. Pour cela, d'abord un peu de Sérieux : il faut s'assurer que les risques réels sont identifiés et contrôlés.

- Pour se donner le choix, notre état Conforme, qui peut se nourrir du respect des méthodes, peut avoir de la valeur, car lorsqu'on est pris dans un problème et sans solution, accepter de lâcher prise sur sa manière de voir peut ressembler à un saut périlleux arrière depuis le tremplin de 10 mètres les yeux bandés. Il faut être bien certain qu'il y a de l'eau en bas. Avec la méthode Apter, il y en a ! Mais l'état opposé Transgressif peut aussi être utile s'il s'agit pour nous de refuser catégoriquement de continuer comme avant.
- Se pencher sur nos frustrations peut faire monter notre activation. L'état Enjoué est alors préférable car il apprécie l'activation. Et puis, mieux vaut ne pas se prendre trop au sérieux !
- En balayant la boussole, on fait généralement le tour des états correspondants. Notez ceux que vous avez du mal à aborder.
- L'adoption d'une nouvelle motivation vous demandera peut-être de sortir des sentiers que vous avez l'habitude de battre, ce qui est l'essence de l'état Transgressif.

Si vous aidez quelqu'un à jouer à ce jeu, comme le fait Clara, la bienveillance est de mise (états Sympathie et Autrui). Puis l'état Enjoué permettra d'aborder avec bonne humeur les paradoxes et contradictions, dès que vous aurez vérifié que les conditions de sécurité sont respectées (état Sérieux).

« J'VOUDRAIS BEN, MAIS J'PEUX POINT » OU COMMENT UTILISER TOUS MES ÉTATS MENTAUX POUR MAINTENIR MA MOTIVATION

Annick voudrais bien faire du jogging mais...

Tous les ans, au mois de septembre, **Annick** prend de bonnes résolutions et se jure de se remettre au jogging. « Au moins une fois par semaine ! ». La première semaine, elle court une heure. Au début ça va, elle est contente d'y aller, d'y être. Mais au bout de quelques tours de parc, la monotonie du parcours l'ennuie et elle doit faire de gros efforts pour terminer l'heure qu'elle s'impose de courir. Un ou deux mois plus tard elle abandonne, découragée. Conclusion : « le jogging n'est pas fait pour moi et moi, par pour lui ». Fin de l'histoire.

Cette année, son mari s'y est remis et y prend du plaisir. Il lui a proposé de venir avec lui et effectivement elle aurait bien partagé avec lui ce moment qui lui semble si agréable. Et si elle n'était pas à ce point bloquée dans sa vision des choses, ils auraient pu découvrir ensemble d'autres forêts...

Que n'est-elle capable de concilier ces deux plaisirs au lieu de les opposer ? Pourquoi se croire obligée de choisir entre renoncer à passer un bon moment avec son mari ou devoir supporter de courir une heure ?

Comment fait Clara ?

Clara qui pratique la natation longue distance, confrontée au même problème, s'en est sortie grâce à la méthode Apter. Elle avait du mal à nager plus de 10 à 15 minutes. Un jour, décidée à s'y mettre plus intensément, elle s'est demandé comment rester motivée sur 2 ou 3 km (40 à 60 minutes) ?

Traduction dans le monde d'Apter

- Dans quel état motivationnel se trouve-t-on lorsque l'on s'ennuie ?
- Quels autres états motivationnels adopter tout au long de ces monotones longueurs de 25 mètres ?
- Compte tenu que selon la Théorie du Renversement, on ne peut durablement rester motivé dans un même état. Comment gérer ces renversements intempestifs ?
- Et puisque, toujours selon la même théorie, il est sain de changer régulièrement d'états et d'y trouver satisfaction. Comment l'appliquer à la pratique d'une heure de natation ?

Lorsque l'on s'ennuie, on aimerait vivre quelque chose d'excitant mais la situation ne le permet pas. Dans le monde d'Apter, on dira que l'on cherche à ressentir de l'activation (voir chapitre 3) et qu'à défaut, cela est donc désagréable. Si l'on aspire à être activé ou excité, c'est que l'on est dans l'état « Enjoué » et que l'on oriente son désir vers la recherche de l'activation, que l'on aspire à vibrer.

Comment fait Clara (suite) ?

Au cours des deux ou trois premières longueurs, Clara se sentait réellement joyeuse de se retrouver dans l'eau. Mais comment éviter qu'ensuite cette sensation ne laisse place à l'ennui ? Et si elle consacrait alors une ou deux longueurs à se mobiliser sur son but ? Quel temps pour quelle longueur ? Quel challenge relever ? Se mobiliser sur un rythme constant ou tenter les fractionnés ? Au début de la course, on s'échauffe, l'excitation du début est retombée, mais on n'est pas fatigué... une condition idéale pour l'état Sérieux !

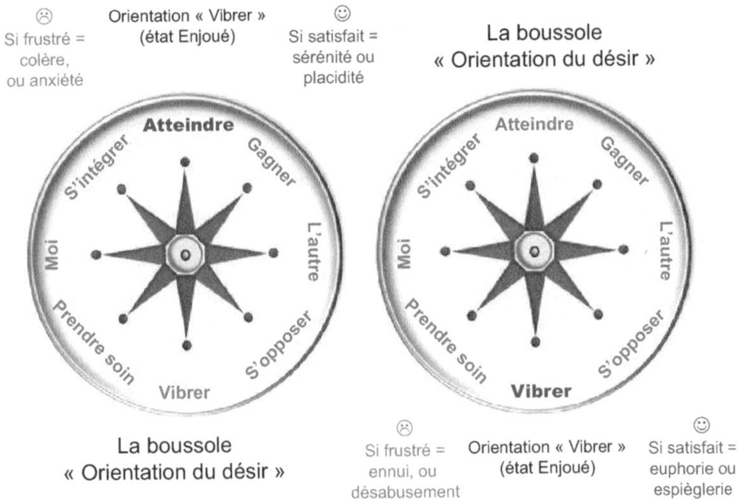

La boussole Orientation du désir : de vibrer à atteindre

> C'est donc sereine qu'elle a désormais abordé ces longueurs suivantes. Lorsque l'on nage, on n'est pas au repos. On est bien actif, activé mais, dans l'état Sérieux, on a cette sensation de justesse ou d'optimisation d'énergie, parce que chaque mouvement nous meut mais peut aussi nous freiner. Un mauvais nageur gaspille son énergie car en déplaçant mal l'eau, il génère des courants qui le freinent. Tandis qu'un bon nageur glisse et se fond dans un mouvement harmonieux limitant au maximum les résistances. D'où la sensation d'être porté voire aspiré vers l'avant... En variant les objectifs, Clara parvenait à faire en moyenne une dizaine de longueur sans voir le temps passer, sans s'ennuyer. Mais ensuite ?

Ensuite, il y a la fatigue qui commence à venir... mais il y a aussi encore six autres états mentaux à exploiter ! Six autres directions pour orienter ses désirs et tant d'autres sensations agréables à visiter ! Comment gérer la fatigue tout en restant motivée ? Il y a bien sûr des techniques, comme dans toutes les activités : une façon de courir et de respirer pour les coureurs de fond, une façon de nager pour les nageurs, mais aussi des techniques de gestion de l'effort dans les activités intellectuelles. Reste qu'elles sont d'autant plus efficaces qu'on les pratique dans un état d'esprit adapté (Maîtrise).

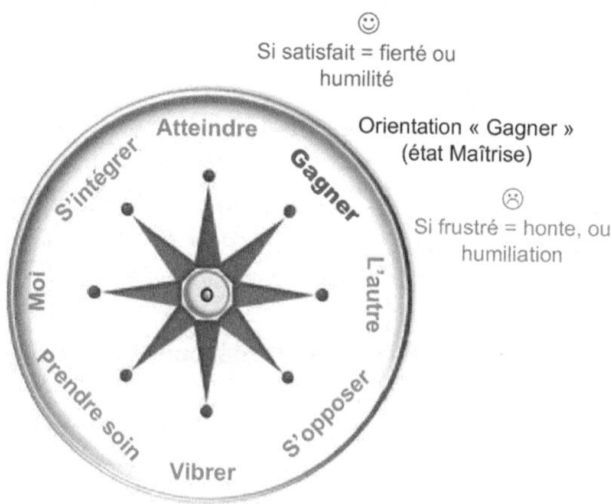

La boussole
« Orientation du désir »

Orientation du désir (gagner)

Comment fait Clara (suite) ?

Au cours des longueurs suivantes, Clara se concentre sur ses mouvements : comment les faire avec un minimum de fatigue ? Elle se met à « l'écoute » de son corps, de ses muscles et de ses tendons. Ce n'est pas une douleur désagréable qu'elle ressent. Plutôt une sensation de force et de puissance. Celle de se sentir capable de résister à la douleur, de contrôler ses mouvements. Ces techniques alliées à ces motivations lui permettent de récupérer son souffle, de dissiper les douleurs musculaires. Avec un peu d'entraînement, elle parvient même à dissiper ses crampes. Cette récupération lui permet alors de reprendre son rythme. C'est le moment de se mettre à suivre un bon nageur (dans les piscines, les nageurs de crawl se suivent par niveau, laissant passer les plus rapides...). Le désir étant de se fondre dans un sous-groupe de niveau, de faire partie de ceux qui doublent les autres, par exemple.

> CE QUE NOUS POUVONS RETENIR DE CES HISTOIRES
>
> ➢ Nous préparer mentalement : qu'est-ce qui pourrait nous faire plaisir avant d'y aller ?
>
> ➢ Sur place, sur quoi porter notre attention qui nous donnera envie de continuer ?
>
> ➢ Imaginons les premiers découragements. Quels seront-ils ? À quels états mentaux correspondent-ils ? Comment les dépasser ? Dans quelles autres directions orienter notre désir ?
>
> ➢ Sur quoi porter notre attention qui pourrait nous ouvrir à une nouvelle direction ?
>
> ➢ La première fois, repérons les moments où la motivation flanche. Juste après, nous pourrons nous reposer toutes ces questions et peu à peu, de courses en courses y prendre toujours plus de plaisir !

« JE VIS MAL L'ATTENTE » OU COMMENT GÉRER L'IMPATIENCE ET LES OBJECTIFS LOINTAINS

Anticiper la rentrée, organiser un voyage, préparer une fête, conduire un projet, ..., nombreuses sont les situations qui nous mettent en route vers un objectif. Mais lorsque cet objectif est lointain, le parcours peut être chaotique.

Panique en attendant l'audition

« Je t'assure, c'est la panique ! Je me demande comment je peux me mettre dans des états pareils. »

Jasmina a décidé d'utiliser son temps libre pour apprendre le piano et prend des cours régulièrement. En fin d'année, un petit concert est prévu, essentiellement devant les autres élèves, avec les morceaux travaillés dans l'année.

Alors que l'audition n'est que dans 6 mois, Jasmina panique rien que d'y penser. Elle veut à tout prix éviter les fausses notes. Mais quand elle joue sur le grand piano prévu pour l'audition, c'est un désastre : elle ne sait plus où elle en est dans la partition. La professeure, avisée, lui recommande de se détendre, de respirer calmement, mais pour Jasmina, cela semble totalement hors de portée – c'est le cas de le dire.

Traduction dans le monde d'Apter

Comment peut-on se mettre dans des états pareils pour un loisir qu'on a choisi ? L'incohérence de la situation rend difficile un raisonnement cohérent. Mais face aux incohérences, l'éclairage de la méthode Apter peut rendre de grands services.

1. Quels sont les états actifs ?

Peur des conséquences, crispation, panique, tout cela nous indique que Jasmina prépare son audition dans les états motivationnels Sérieux et Conforme[1]. En effet, même pour un loisir, le résultat de l'audition compte pour elle (Sérieux) et « éviter les fausses notes » correspond à ce qu'elle pense que l'on attend d'elle (Conforme).

1. Vous avez sans doute aussi repéré la présence de l'état Maîtrise, puisque c'est un défi et de l'état Soi puisque Jasmina choisit de jouer un morceau qu'elle aime.

2. Les états sont-ils adaptés ?

L'état motivationnel Sérieux nous donne les ressources pour planifier l'entraînement et construire le cadre protecteur nécessaire à la performance. C'est donc a priori le bon état. D'un autre côté, il s'agit d'une représentation publique, même devant un petit public, et l'activation de Jasmina monte à l'idée de la représentation. Or dans l'état Sérieux, nous vivons mal une activation élevée. Nous avons vu, à propos du trac au chapitre 4, comment gérer, juste avant une performance, la montée de l'activation en favorisant l'état motivationnel Enjoué.

Mais l'audition de Jasmina est loin. Renverser dans l'état Enjoué reviendrait à se dire que tout cela n'est pas très important et à perdre le bénéfice d'une bonne préparation. D'ailleurs, Jasmina n'a aucune envie de se planter ! Autrement dit, ses désirs des états Maîtrise et Soi ne le lui permettraient pas. Elle pourrait imaginer relativiser l'importance d'une fausse note (Transgressif), compter sur la compréhension du public (Sympathie) ou s'interroger sur ce qui ferait vraiment plaisir à sa professeure (Autrui) : il lui faut quand même rendre le résultat final atteignable et satisfaire ainsi l'état Sérieux.

3. Si oui, comment satisfaire l'état ?

Pour satisfaire nos désirs dans l'état Sérieux, nous devons percevoir continument le sens de ce que nous faisons et sentir une progression. Lorsque l'objectif semble lointain, et que l'écart à franchir paraît trop important, il est indispensable de découper l'accomplissement final en réalisations intermédiaires. Dans notre cas, Jasmina connaît son morceau et a une certaine expérience des auditions. Qu'est-ce qui pourrait constituer une étape ?

En reprenant son histoire, on peut voir que quelque chose a changé lorsqu'elle a joué sur le piano de concert. Jasmina pourrait inventer une étape consistant à l'apprivoiser. Par exemple en se donnant deux mois pour arriver à y jouer des morceaux plus simples. De cette manière, elle satisferait à la fois ses désirs dans les états Sérieux et Maîtrise.

Et avec cet objectif qui remet de la cohérence dans ses désirs, elle se rendrait compte des différences qui existent entre son piano d'étude et le piano de concert. Comme la place de la partition, par exemple, bien plus élevée, ce qui modifie à la fois son attitude corporelle (il faut lever la tête beaucoup plus haut) et la netteté de sa vision, et change donc ses repères habituels, contribuant à la déstabiliser... Ainsi en adaptant ses motivations, Jasmina pourra découvrir comment changer la situation.

Vous tous qui avez été confrontés à des situations similaires, que ce soit la préparation d'une soirée, l'organisation d'un voyage ou la construction d'une maison, ou travaillé en entreprise en mode projet, vous avez vécu l'intérêt de découper le temps qui vous sépare de l'échéance en étapes de façon à vous assurer que vous avanciez vers votre résultat. En entreprise, cela constitue la base du management de projets. Pourtant, il arrive que cela ne marche pas. Pourquoi dans le cas suivant, Clovis ne s'en sort-il pas ? Voyons son histoire...

Le directeur impatient

Clovis dirige un important département de production dans une entreprise de services. Il a demandé à Charles, le responsable du bureau des méthodes, de participer à une de ses réunions de projet. « Tu me donneras ton avis, je dois faire une présentation au comité de direction dans 3 semaines » lui a-t-il soufflé.

Il y a 2 mois, Clovis a lancé un projet de 8 mois d'amélioration d'un service dont les clients sont peu satisfaits, et qui a une importance capitale pour l'entreprise. Le travail a été réparti entre les équipiers de Clovis avec un calendrier. Trois étapes sont prévues : 3 mois pour mettre le doigt sur les problèmes, 3 mois pour élaborer et tester les solutions, 2 mois pour mettre au point le lancement avec les nouveaux éléments.

Deux mois se sont écoulés au moment de cette réunion. L'ambiance est calme et posée ; le sujet a l'air ardu ; chacun fait un état d'avancement de ses recherches.

Au cours de ce tour de table, Clovis explose contre toute attente. « Ce n'est pas possible ! Vous travaillez depuis 2 mois sur le sujet et personne n'est capable de me dire ce qui se passe vraiment ? » La réunion se termine sur un plan de travail d'ici le prochain point d'avancement.

En sortant, Clovis emmène Charles dans son bureau, pour un petit débriefing. « Il y a de quoi se mettre en rogne. Ils s'endorment ! J'ai bien fait de les booster, non ? » Charles est surpris.

D'une part, il n'a aucune raison de douter du projet : il connaît les participants qui ont toutes les compétences requises, il apprécie Clovis qui est entreprenant et sait mobiliser ses équipes. Pourquoi celui-ci explose-t-il ? D'autre part, dans ces cas-là, il observe en général des piqués du nez. Or cette fois, Charles a l'impression que les participants attendaient patiemment que Clovis ait fini son discours un peu véhément. Quel est le problème ?

Vous pouvez constater que, contrairement à Jasmina, Clovis a fait tout ce qu'il fallait : le découpage en étapes est supposé éviter la surtension liée à une échéance trop lointaine et soutenir la motivation. Pourtant Clovis prend un coup de sang et l'équipe a l'air démobilisée. Voyons cela à la lumière de la méthode Apter.

Traduction dans le monde d'Apter

1. Quels sont les états actifs ?

Agacement, colère, impatience sont les signes émotionnels d'un objectif contrarié et exprimé librement, donc des états motivationnels Sérieux et Transgressif. En effet, le projet est important, pour le comité de direction comme pour l'entreprise ; les enjeux de développement commercial sont forts (Sérieux). Or, le temps passe sans faire apparaître de pistes de solution : l'activation monte. Et les présentations auxquelles Clovis assiste ne lui permettent pas de la réduire : il explose. (Transgressif)

2. Les états sont-ils adaptés ?

Aborder avec **sérieux** un projet stratégique qui rencontre des difficultés, en gardant un œil sur l'avancement et le résultat, semble approprié. Se **conformer** au planning et à la répartition des rôles quand on travaille dans un collectif est tout aussi nécessaire. Cela fait partie du ciment de l'équipe et de la confiance dans les engagements de chacun.

Pour maintenir une tension acceptable, Clovis, qui sait construire une maison en partant des fondations, a découpé le projet en trois étapes : comprendre, résoudre, appliquer. Mais si ces étapes sont logiques, telles qu'elles sont faites, on n'aura de certitudes qu'à la fin. Et si on découvre un loup au dernier moment, il sera trop tard. Les budgets auront été dépensés, les ventes chuteront, l'image de l'entreprise sera écornée.

Conscient de cela, Clovis, qui pense à sa réunion en comité de direction, a renversé dans l'état Transgressif. Ce qui est également approprié de son point de vue : la manière dont les choses se passent ne peut pas le satisfaire.

Mais cela n'a pas l'air très efficace ; la confiance de Clovis s'érode et il se demande si les participants s'intéressent vraiment au projet.

3. Si oui, comment satisfaire l'état ?

Quand le résultat est à long terme, il ne suffit pas de découper le projet en étapes. Pour jouer leur rôle, les étapes doivent porter la valeur d'accomplissement de l'état Sérieux : traduit dans le cas de Clovis, l'importance du projet pour l'entreprise. Et ce qui était clair au début s'est perdu pour les équipiers dans leurs travaux de recherche. Mais pas pour Clovis qui rend des comptes au comité de direction.

> ***Le directeur impatient (suite)***
>
> Charles propose à Clovis de placer cette réunion du comité de direction comme une étape intermédiaire commune du projet et focaliser ainsi l'attention de tous sur les sujets qui leur permettraient de se sentir pleinement confiants dans la réussite en fin d'année.
>
> La semaine suivante, Clovis présente à toute son équipe la réunion en comité de direction comme une étape intermédiaire. Cette fois, les réactions sont immédiates et vives. Les questions fusent, des oppositions se font jour, des idées nouvelles apparaissent. Les priorités se redéfinissent... La réunion est plus chaude, certes, plus animée, peut-être plus chaotique, mais beaucoup plus mobilisatrice. Pour Clovis, situer la réunion du comité de direction en étape commune a constitué un objectif intermédiaire cohérent avec l'enjeu stratégique de son projet.

> CE QUE NOUS POUVONS RETENIR DE CES HISTOIRES
>
> **Lorsque notre état mental frustré est adapté à la situation, nous pouvons reconsidérer l'objet de notre désir. Mais le nouvel**
>
> ☞

objet doit respecter les satisfactions que nous attendons de cet état.
L'état mental Sérieux est celui de notre désir d'accomplissement et de progression. Il nous amène à nous projeter dans l'avenir, à faire des projets qui nous satisferont par ce qui sera accompli. Lorsque le résultat à atteindre est lointain, il est recommandé de découper le projet en étapes gérables, dont l'atteinte successive soutiendra notre motivation. À défaut, la menace impliquée par le manque de repères fera monter notre activation qui se transformera en colère ou en panique.
Ces étapes ne doivent pas se limiter à respecter une séquence logique. Elles doivent aussi porter la valeur et l'enjeu que nous attachons à l'accomplissement.

Et pour les membres de l'équipe de Clovis ?

Charles a été surpris par les réactions apparemment indifférentes des membres de l'équipe de Clovis à son coup de sang. Mais la Théorie du Renversement l'éclaire. Le projet d'amélioration a été construit dans les règles de l'art. Contrairement à ce que croit Clovis, ses équipiers ne sont pas démobilisés mais désireux de se sentir faire partie du projet en respectant les cadres qui ont été institués, le planning, les rôles. C'est la caractéristique des désirs de l'état motivationnel Conforme. Compte tenu des enjeux (qui activent l'état Sérieux) et du cadre fixé (qui active l'état Conforme), chacun se sent confortable dans une faible activation, une certaine distance par rapport à ce qui est présenté. Cela explique le climat calme dans lequel chacun peut faire état de ses avancées mais aussi de ses difficultés et retards.

Mais trois mois, c'est long, et les analyses et recherches de la première étape sont fastidieuses. Clovis, qui a en tête sa réunion avec le comité de direction, sent monter son inquiétude et « explose » en renversant dans l'état Transgressif. Ce faisant il casse le cadre protecteur créé par le planning de travail. Les membres de l'équipe ont alors le choix entre laisser monter leur niveau d'activation – ce qui les mettrait en mode panique – ou laisser passer l'orage en pensant que Clovis s'adresse à leur voisin plutôt qu'à eux – en adoptant un cadre protecteur distancié. Ce qu'ils choisissent visiblement.

Leur réelle implication est confirmée par la réunion suivante, lorsque Clovis institue l'objectif intermédiaire qui rappelle la valeur stratégique du projet. Ce faisant, il suggère à chacun de changer sa position et permet alors à ses équipiers de faire preuve d'implication créative, dans un état motivationnel Transgressif partagé.

Devinette

Quelle est la meilleure manière de manger un éléphant entier[1] ?

COMMENT EVITER LE CONFLIT AVEC LES GENS « DESAGREABLES » SANS SE FAIRE MARCHER SUR LES PIEDS ?

Au bar du TGV

Ce matin, ma fille et moi prenons le TGV pour le Grand Sud. Vivent les vacances ! En attendant que le train démarre, nous nous installons au wagon-bar. C'est un jour de grand départ, et si nous ne voulons pas faire une heure de queue pour un café, mieux vaut être en avance.

Le « barman » est en train d'installer ses produits sur le comptoir. Il est encore fermé mais nous sommes déjà trois ou quatre à faire le pied de grue. Visiblement, ça ne lui plaît qu'à moitié.

Il nous prévient : « Je n'ouvrirai pas avant 10 minutes ! En plus, la machine à café ne marche pas. Aujourd'hui, ce sera café instantané pour tout le monde ! » « On dirait que ça lui fait plaisir », me dit ma fille à l'oreille. « Quel homme

1. Morceau par morceau... (Il y a de l'éléphant dans tous les morceaux...)

désagréable ! On ne va quand même pas se laisser faire, si ? »

Dans ces cas-là, comme dans des milliers d'autres, quel est le problème ?

La relation se présente mal. Notre interlocuteur est de mauvaise humeur et ne se gêne pas pour nous le faire savoir. Si l'on cherche plus loin, on peut se souvenir de situations où l'on a soi-même tenu ce mauvais rôle. Mais au fond pourquoi ? Quelles étaient nos raisons et nos motivations sous-jacentes ?

Deux façons de voir les clients

- On peut donc se montrer désagréable pour avoir raison sur quelque chose, d'abord. (Sérieux)
- Si cette volonté d'avoir raison est accompagnée de colère et d'agressivité, c'est qu'elle est frustrée et que l'on se donne le droit de le dire. (Transgressif).
- Si on s'interdit l'énervement, la tension se traduira plutôt par de l'anxiété. (Conforme)

- Avoir raison peut trouver ses raisons dans le manque de considération ou de respect d'autrui (états Sympathie ou Maîtrise et état Soi). Ressentiment se marie alors à colère.

Au bar du TGV

Un premier client se présente et voilà en effet notre barman qui lui demande sèchement : « Avez-vous une carte de réduction ? » Le client, surpris, ne comprend pas : « Euh oui, mais vous contrôlez aussi les billets ? »

« Ben non, évidemment ! Vous voyez bien qu'on ne porte pas le même uniforme ! »

Une dame qui passe interrompt la conversation : « Pardon, monsieur, la voiture 6, s'il vous plaît. »

« Vous êtes pas rendue, vous ! Il faut descendre de cette rame et rejoindre l'autre par le quai. Mais dépêchez-vous, on part dans cinq minutes. » La dame s'en va, affolée.

Il nous regarde : « Il faut tout faire ici : vous me prenez tous pour le contrôleur, et bientôt il faudra aussi que je nettoie les toilettes ! »

Je lui souris franchement et lui fais un clin d'œil : « La SNCF va faire des économies avec vous : plus de contrôleurs, plus de personnel de nettoyage à bord... »

Il sourit à son tour, mi-figue, mi-raisin.

« En même temps, ce n'est pas sympa de faire le travail des autres : ça va encore nous faire monter les chiffres du chômage, c'est sûr. »

Cette fois, il rit franchement : « Que voulez-vous, on ne se refait pas, hein ? Moi le service, c'est dans la peau : 20 ans que je pique le boulot des autres ! » Amadoué, il explique à son premier client qu'il peut avoir des réductions sur les menus grâce à son abonnement ou sa carte Senior. L'ambiance se détend pendant qu'il le sert.

Mais d'autres clients arrivent et il murmure à mon endroit, agacé : « Pas de bonjour, pas de respect... J'ai mis cette flèche au mur pour indiquer le sens de la file, mais regardez : tout le monde s'en fiche ! » Et plus haut : « Ah non, madame, c'est au tour de monsieur ! La queue, c'est par là. »

Lorsque le flot des clients s'est tari, il relance la conversation. Je le fais parler de son métier de barman, il se détend. Un homme charmant, quand il veut !

Ce que l'on recommande d'habitude

Au bar du TGV (suite)

– « Moi, j'étais prête à lui balancer un DESC[1] me dit ma fille
comme nous rejoignons nos places. Tu m'as souvent dit que l'assertivité est le meilleur moyen de ne pas se laisser marcher sur les pieds »

– Ce n'est pas toujours efficace. Surtout que notre barman a en réalité un problème de manque de reconnaissance. Si les techniques d'assertivité permettent de s'affirmer dans le respect d'autrui, elles sont en général contre-productives quand lorsqu'en face tu as quelqu'un qui a besoin qu'on l'écoute et qui préfèrera entrer en conflit pour y parvenir.

Comment inciter avec la méthode Apter ?

1. Rejeter l'alternative « agir/subir »

Ce n'est pas parce qu'on est obligé de fréquenter le seul bar du train que l'on doit pour autant supporter le désagrément d'un barman mal embouché. Devons-nous par exemple renoncer à acheter un article qui nous plaît parce que le vendeur est trop insistant mais qu'on n'ose pas le lui

1. Le DESC est un acronyme pour « Décrire les faits, Exprimer son sentiment, proposer une Solution et décrire les Conséquences positives ». Bien connu des tenants de l'assertivité, ce canevas est très efficace lorsque l'on se prépare à dire quelque chose de gênant ou de désagréable à quelqu'un.

dire ? Entre subir le malaise que provoque chez nous son obstination et sortir du magasin, n'y a-t-il pas une troisième voie ?

2. Prendre du recul et se donner le choix

S'il est possible de changer son regard sur une situation bloquée, il est aussi possible d'induire un changement dans le comportement agressif d'autrui. Vous avez le choix. Et vous pouvez décider de changer les choses. Pourquoi ne pas amener votre interlocuteur à de meilleures dispositions à votre égard ?

Prenons ce policier tatillon qui vous a arrêté la semaine dernière. Le feu était orange. Votre main à couper ! Néanmoins, vous vous êtes contraint au silence et avez vécu son attitude comme une humiliation intolérable. « Pas le choix », avez-vous pensé alors.

> ***Les bonnes répliques***
>
> Au vendeur insistant, et avec un grand sourire (n'est-il pas un peu trop centré sur l'objectif ?) : « Vous voulez faire la vente ? Vous allez la faire, rassurez-vous. Laissez-moi juste le temps et le plaisir d'hésiter un peu... »
>
> Au policier tatillon (un brin sensible sur la question de son pouvoir) : « Vous avez raison, monsieur l'agent : j'ai eu peur d'arriver en retard et j'ai fait une erreur. Faites votre travail, je le respecte. »

Donner largement satisfaction à la motivation évidente d'autrui est la seule façon d'en réduire l'expression. Donnez-vous le choix face à l'adversité et changez votre état d'esprit pour inciter l'autre à le faire aussi !

3. Identifier les motivations insatisfaites

Grâce à la méthode Apter, cela devient d'autant plus envisageable et pratique que l'on dispose d'une palette de huit choix possibles. Lorsque le comportement d'autrui nous est nuisible, on peut aussi l'influencer et le conduire à nous considérer différemment en repérant les motivations qui le poussent à nous nuire :

- Pourquoi agit-il de la sorte ?
- A-t-il un but ? Lequel ?
- Que cherche-t-il à exprimer ?
- Il serait content s'il obtenait quoi ?
- Quelles motivations le poussent ?
- Quel besoin cherche-t-il à satisfaire ?
- Quelles frustrations peuvent expliquer son comportement ?

La technique de la pièce sombre

Posez-vous la question du « **but positif** ». Mettez-vous à la place de votre interlocuteur et cherchez à comprendre véritablement ce qui est à la source de son comportement négatif en apparence. Sans porter de jugement, donc, et en vous détachant de vos propres émotions, vous identifierez ce qui le pousse à agir de la sorte, depuis son point de vue.

Pour cela, vous pouvez user de la technique suivante : imaginez-le en train d'essayer de sortir d'une pièce sombre dans laquelle il ne se sent pas bien ; tentez de cerner ce qui, justement, le fait fuir. Quand il s'y trouve, il aspire à autre chose. À quoi ? Et à quelle motivation cela correspond-il ? On y verra par exemple notre barman étouffant de ne pouvoir s'exprimer, de ne pouvoir exister, ni être pris en considération.

4. Explorer ensuite d'autres façons de voir (les motivations ou états mentaux plus adaptés)

En vous servant de la boussole, identifiez les autres états mentaux qui pourraient s'exprimer et trouvez une « traduction » en termes de motivation à satisfaire :

- Dans l'état Enjoué, notre interlocuteur devrait trouver de la satisfaction à jouir de l'instant présent.
- Dans l'état Autrui, il trouverait du plaisir à se mettre à la place de ses clients et à leur donner satisfaction.
- Dans l'état Maîtrise, il chercherait à gagner quelque chose, envisagerait la situation en termes de rapport de force.
- Enfin, dans l'état Conforme, il se plairait à suivre une règle de conduite, à ne pas se faire remarquer, à rester conforme à ce qu'on attend de lui.

5. Inciter à changer en imaginant un « chemin »

Il s'agit de faire comme si votre interlocuteur était enfermé dans une façon de voir et qu'il cherchait une sortie :

- Il pourrait se mettre à la place du client (Autrui) et trouver de la satisfaction à lui être agréable ou utile.
- Pourquoi ne pas l'aider à renverser dans l'état Enjoué, tout en restant dans l'état Transgressif (plaisanteries) ?

L'essentiel ici n'est pas nécessairement de tomber juste, mais de balayer plusieurs possibilités, d'ouvrir plusieurs champs de possibilités.

La technique de changement « En même temps... »

Ce début de phrase est très efficace pour inviter son interlocuteur à changer de point de vue :

– Avec le barman : « En même temps, ces clients sont un peu perdus et ont besoin de vous. » Ou bien « En même temps, c'est plutôt amusant, ces gens qui vous prennent pour un contrôleur ? »

– Avec le chauffeur de taxi : « En même temps, vous avez vraiment une belle voiture ! Vous avez l'air de vous y connaître en la matière ? »

☞

- Avec la vendeuse méprisante : « En même temps, vous avez de la chance de travailler dans un magasin aussi prestigieux. »
- Avec le préposé en manque de formulaires : « En même temps, vous êtes vraiment au courant de tous ces documents à fournir et sans vous, je ne sais vraiment pas comment je m'en sortirais. »

Ces invitations à voir les choses différemment ont pour résultat de faire levier et d'inciter au changement. Sans doute les utilisez-vous déjà sans le savoir. À présent, vous pourrez le faire en conscience et à bon escient pour vous sortir de situations désagréables. Vous pourrez même vous les appliquer à vous-même, lorsque vous vous rendrez compte qu'il vous arrive, à vous aussi, d'être désagréable sans raison...

Au bar du TGV– Épilogue

Deux heures plus tard ma fille retourne au bar pour demander un supplément d'eau chaude pour son thé. Elle appréhende. Quelques minutes passent et elle revient tout sourire.

« Tu sais ce qu'il m'a dit ? »

« Non. »

« Tiens, voilà ma cliente préférée ! »

La fameuse recette du Ginger Tonic du barman du TGV ou Comment profiter du plaisir d'un cocktail lorsqu'on fait un régime ?

Ingrédients (pour un verre) : 1 racine de gingembre frais (200 gr), 1 citron vert, 1 petite bouteille de Schweppes Indian Tonic (sans sucre) et 1 feuille de menthe.

Prenez la racine de gingembre et râpez-la. Pressez la pulpe dans un chinois afin d'en extraire l'équivalent d'une cuiller à soupe de jus. Versez-le dans un verre à cocktail, ajoutez une cuiller à café de jus de citron vert et complétez par 25 cl d'Indian Tonic sans sucre.

☞

Décorez avec une feuille de menthe et une tranche de citron vert. Délicieux !
PS : J'ai essayé de faire un Mojito sur le même principe (jus de gingembre, citron vert, feuilles de menthe écrasées et Schweppes). C'est pas mal non plus !

FILLE INDIGNE OU COMMENT SE LIBÉRER D'UN SENTIMENT DE CULPABILITÉ ALIÉNANT ?

Jeanne a 60 ans. Elle est célibataire, sans enfant et travaille dans la recherche fondamentale au sein d'un laboratoire d'État. Elle a toujours été très proche de sa mère (83 ans) et s'en occupe presque quotidiennement depuis la mort de leur père il y a 17 ans. Ses frères se sentent donc moins sollicités et se reposent sur elle lorsqu'il y a un problème à gérer. Elle a récemment pris conscience que cette relation l'empêche de vivre pour elle-même. Elle n'a rien construit et s'en sent prisonnière.

Cette semaine, sa mère a été hospitalisée pour un soin de routine. Or Jeanne avait prévu de rejoindre des amis en vacances et de passer 4 jours avec eux. Elle annule son voyage pour s'occuper de sa mère. Au cours d'une soirée avec des amis, elle se plaint à eux de sa situation mais l'idée même de partir la remplit de culpabilité. Ses amis essaient de la convaincre que sa mère n'a pas vraiment besoin d'elle, que ses frères peuvent s'en occuper... Peine perdue.

À chaque fois que Jeanne projette de partir en vacances, il arrive quelque chose à sa mère, rien de vraiment grave, qui l'empêche de partir. Elle a conscience qu'il s'agit d'une forme de manipulation et comprend même qu'elle s'en est faite la complice. Elle veut rompre avec cette dépendance toxique, mais n'y arrive pas. Elle se demande si elle ne doit pas suivre une psychothérapie.

Guider avec la méthode Apter

Clara, qui participe à la soirée, conclut la discussion en lui disant, qu'en attendant Jeanne ne partira pas en vacances avec ses amis... Jeanne en rit, gênée. Clara la questionne sur elle, sur ses projets. Dix minutes d'explications sur la méthode Apter plus loin, Clara lui présente la balance de la Motivation. « Tu t'es mise dans l'état mental Autrui qui t'as permis de vivre bien cette situation. C'est dans cet état d'esprit que se mettent les gens qui aiment s'occuper de malades dans les hôpitaux, les maisons de retraite... Si tu as réussi à le faire dans ce sens-là, tu vas être capable de le faire dans l'autre sens. Le problème, c'est que ça s'est fait à ton détriment. Tu t'es tellement bien adaptée que tu as « oublié de vivre », comme dit la chanson ! »

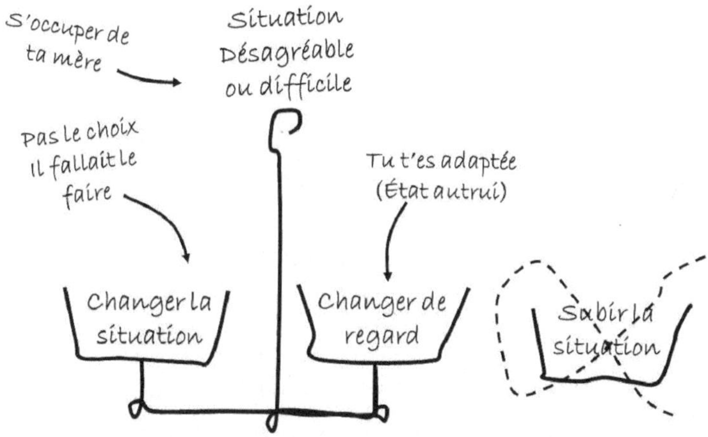

La balance de la motivation de Jeanne

En effet, la Théorie du Renversement a montré que l'on avait besoin de passer du temps dans tous les états mentaux et cela de façon équilibrée et satisfaisante. Or Jeanne passe plus de temps à considérer l'intérêt de sa mère (dans l'état

Autrui) qu'à considérer le sien (dans l'état Soi) et doit à présent changer cette situation. La prise de tête provient de ce tiraillement entre ces deux états. Pour en sortir, Jeanne doit considérer ces deux motivations opposées comme valides afin d'éviter qu'elle ne s'enferme dans une logique soit/soit qui ne fait que renforcer le sentiment d'être dans une impasse. Faire face consiste à accepter de pouvoir être motivée dans deux directions opposées et à choisir celle qui est la plus adaptée à la situation vécue. Pour Jeanne, cela consiste à prendre un billet de train pour partir avec ses amis et à demander à ses frères de s'occuper de sa mère.

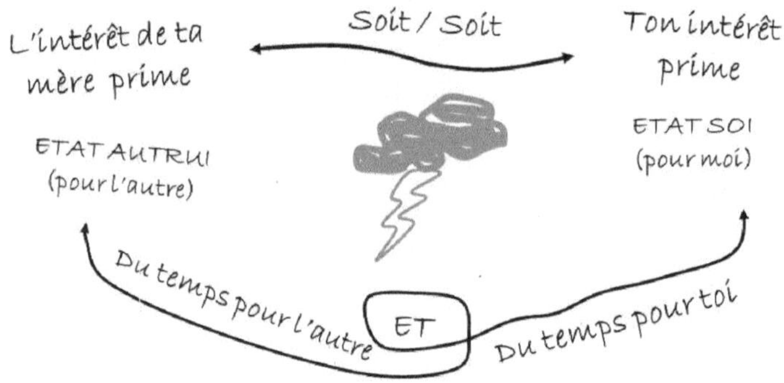

Rééquilibrer la balance de la motivation

> CE QUE NOUS POUVONS RETENIR DE CES HISTOIRES
>
> ➢ Si vous êtes coincé dans une relation de dépendance à quelqu'un dont vous vous occupez et qui en abuse, c'est que vous êtes bloqué dans l'état Autrui. Cet état mental a sans doute été adapté et donc efficace au début. C'est donc que vous l'avez quelque part voulu. Réconciliez-vous avec cette idée avant de vouloir en changer.
>
> ➢ Si la situation a duré à ce point et que vous avez pris l'habitude de négliger de passer suffisamment de temps dans l'état Soi, il est normal que cela soit devenu désagréable. À
>
> ☞

☞

chaque fois que vous tentez de vous en sortir, vous vous prenez la tête car vous êtes tiraillé entre deux motivations opposées que vous tentez d'éliminer alors que cela ne fait que renforcer votre mal-être.

- Pour en sortir, il faut y faire face et la décoder en termes d'états mentaux (motivations) pour les réconcilier dans le temps : un temps pour l'autre, un temps pour moi. Pour changer la situation, il vous faut concrètement passer du temps dans l'état mental Soi.
- Une solution consiste à parler aux autres de vous et d'accepter qu'ils s'occupent de vous.
- Une autre à passer par l'état Enjoué, rire de soi et prendre du recul pour être enfin capable de se mettre dans l'état Soi.
- Une autre enfin consiste à créer des conditions qui vous mettent en situation de prendre soin de vous. Ici, Jeanne a pris son billet de voyage. À chaque cas, existent des conditions à trouver : faire une fête pour son anniversaire, créer une page sur Facebook pour partager sa vie avec ses amis, demander à la personne dont on s'occupe de nous parler du meilleur souvenir qu'il a de nous, se bloquer une heure par semaine pour faire du sport...

« J'AI RAISON ET C'EST TOUT ! » OU QUAND VOULOIR AVOIR RAISON DÉTRUIT LE COUPLE

« J'ai raison ! » Combien de fois vous êtes-vous senti frustré de ne pas être reconnu dans votre droit ou dans votre opinion ?

Une relation orageuse

Élie se sent incomprise, et même parfois rejetée par l'homme qu'elle aime, **Seb**. Ils pourraient être heureux si ce n'était la culpabilité dans laquelle il l'entretient. Avant de le rencontrer, elle a eu une aventure avec un homme marié et pour Seb, c'est absolument amoral et impardonnable. Il est incapable d'empathie sur le sujet. C'est un scientifique qui aime donc la cohérence. La fidélité est pour lui un

J'ai raison

principe fondamental et il est donc inconcevable que l'on puisse le transgresser. Ils en ont parlé plusieurs fois et cela s'est toujours mal terminé. La situation est inextricable. On est confronté ici à un choc de valeurs profondément ancrées et totalement opposées. Avec Seb, elle a l'impression de vivre en sursis. Tant qu'ils n'en parlent pas, il est le plus charmant et le plus attentionné des hommes, mais en un instant tout peut basculer, une ombre trouble ses beaux yeux clairs et il se ferme comme une huître, il se tend comme un arc..., prêt à lancer ses flèches venimeuses.

Éprise et prise de tête

Cette situation est souvent l'occasion de belles prises de tête. Élie doit faire attention à ce qu'elle dit pour ne pas provoquer Seb. Quand il engage la conversation sur ce terrain, elle doit prendre sur elle et souvent, se tait même pour ne pas envenimer les choses... Elle est sans cesse partagée entre le désir de dire ce qu'elle pense et le laisser penser ce qu'il veut. Bref, elle est perdue et ne sait pas très bien quoi faire. Elle voit en Seb quelqu'un avec qui elle construirait bien quelque chose. N'était l'opinion qu'il a d'elle et de son passé et qui semble si rédhibitoire à ses yeux. Que n'était-il pas plus léger...

Vous arrive-t-il de prendre sur vous ? Certainement et comme tout le monde sans doute, vous avez appris très tôt à vous « tenir » en société et que « toute vérité n'est pas bonne à dire »... Nous savons en effet depuis Freud que l'apprentissage de la vie en société passe par le refoulement de nos pulsions et jusque-là, tout va bien (où presque). Mais il arrive aussi que cette retenue vous pose problème. Si vous vivez le même enfer qu'Élie, on vous dira généralement qu'il s'agit d'un conflit de valeur et que si vous voulez vivre ensemble, vous devez vous entendre sur ces valeurs. Mais comment faire quand elles sont si radicalement opposées ? Ou bien quand elles projettent un jugement sur un passé que l'on ne peut défaire, comme c'est le cas pour Élie, ici ?

Prendre sur soi ?

Comment la méthode Apter peut-elle nous aider à nous sortir de nos contradictions ?

Nous avons vu plus haut combien la prise de conscience de ce qui nous arrive peut nous éviter de tels écueils. Mieux vaut faire face à ces contradictions. Surtout, comprendre pourquoi et comment elles sont possibles peut empêcher aussi de prendre des décisions inconsidérées. Élie a rompu plusieurs fois avec Seb, mais s'est réconciliée à chaque fois. Ce qui n'a pas contribué pas à améliorer l'estime qu'elle a d'elle-même.

Dénouer les prises de tête en trouvant les états mentaux noués

- Élie est frustrée dans deux états : elle aimerait pouvoir dire ce qu'elle pense (Transgressif) mais craint les conséquences (Sérieux) d'où un sentiment d'oppression.
- Elle est aussi tiraillée entre ses sentiments pour Seb d'une part (état Sympathie) et son ressentiment lorsqu'il lui montre son mépris pour son passé d'autre part (ce qui la touche dans les états Sympathie et Soi).
- En outre, par ses jugements sur son passé, Seb la culpabilise sur un sujet qu'elle ne peut réparer puisqu'il appartient au passé. Elle ne peut donc pas lui faire plaisir (frustration des états Sympathie et Autrui).

Cela fait beaucoup d'états frustrés : Sérieux, Transgressif, Maîtrise, Sympathie et Soi. Sans compter les tiraillements dans les états Soi et Sympathie. Mais avant de tirer des conclusions trop hâtives, voyons si elle ne pourrait pas vivre cette situation dans un autre état d'esprit ?

Explorer un désaccord à partir de tous les états

Quels autres états Élie pourrait-elle adopter ? Il lui en reste deux : Conforme et Enjoué. Sans doute les expérimente-t-elle suffisamment souvent et de façon satisfaisante, puisqu'elle poursuit une relation qui ne la satisfait pas. Mais la question n'est pas là. Peut-elle considérer leur désaccord dans ces états-là ? N'a-t-on pas en effet expliqué tout au long des pages précédentes qu'Élie a le choix et n'est pas obligée de subir cette situation :

- Par exemple en focalisant son attention sur le fait qu'elle ne peut pas dire ce qu'elle veut quand elle veut...
- Ou en cherchant à convaincre Seb de changer : ça n'a jamais marché, alors raison de plus de continuer à l'énerver avec ça ! Évidemment !

Elle devra donc renverser dans un des deux états qui « restent ». Dans l'état Conforme d'abord. Elle devra alors considérer que les jugements de Seb sont justes et qu'elle n'a qu'à vivre avec sa culpabilité et trouver de la satisfaction à partager son opinion. Je sens d'avance vos poils se hérisser. Vous ne goûtez pas les fantasmes du péché originel ? Rassurez-vous, Élie non plus.

Il reste l'état Enjoué. Après tout qu'importe ce qu'il pense ! Combien sommes-nous en effet à composer avec les opinions ou les travers de nos conjoints. Dans l'état Enjoué, ils ne nous touchent pas. Surtout si c'est réciproque et que nous sommes conscients de nos propres travers. Surtout si nos conjoints sont eux aussi capables de prendre du recul par rapport à ces travers et eux aussi les vivre dans l'état Enjoué. Malheureusement pour Élie, ce n'est pas le cas. Seb est clair sur le sujet : sa faute est grave et impardonnable.

Après cette analyse, Élie peut y voir plus clair. Si elle décide de poursuivre cette relation, il lui faudra :

- se mettre dans l'état Enjoué à chaque fois que la discussion sur son passé survient ;
- éviter de se focaliser sur ce que Seb pense d'elle ;
- plutôt focaliser sur les bons moments qu'ils passent ensemble ;
- trouver avec lui d'autres motifs de satisfaire les états Sympathie et Soi (reconnaissance).

Évidemment tout cela peut sembler difficile à envisager dans une relation à long terme. Et c'est comme ça qu'Élie le considère d'ailleurs. Nous verrons en effet au chapitre suivant que les situations peuvent fournir matière à choisir un état mental plutôt qu'un autre. En l'occurrence, Élie envisage sa relation avec Seb dans le long terme. Une perspective qui induit l'état Sérieux. Ce qui par conséquent altère considérablement l'option proposée plus haut de vivre la situation dans l'état Enjoué.

Forte cependant de cette conscience désormais claire de la situation, peut-être qu'Élie sera en mesure de se mettre en accord avec la situation (vivre légèrement et au quotidien) ou de la changer (rompre plus sereinement). Il nous reste cependant à comprendre la position de Seb et d'examiner dans quelle mesure la méthode Apter pourrait l'aider lui aussi à y voir plus clair.

Vaincre ses fixettes

Une « fixette ». Un bien joli mot pour de sales maux : jalousie, vengeance et autres petites obsessions ou paranoïas communes... Régulièrement des émissions télévisées nous arrosent de la misère des gens. Dernièrement, entre deux de mes soucis personnels (une planche à repasser et un livre à écrire), j'ai pu me rassurer sur mon sort[1] en apercevant Sonia, jalouse maladive, harcelant son ami de reproches parce qu'il était en train de payer sa note en souriant (tout au plus poliment) à une caissière aussi insipide qu'indifférente. Si, comme elle, vous souffrez de ce genre de travers, reprenez la boussole du désir et prenez le temps de comprendre ce qui vous arrive :

- Sonia est tout d'abord bloquée dans les états Sérieux et Conforme : elle est obsédée par l'idée que son petit ami puisse un jour être attiré par quelqu'un d'autre et se contraint à ne pas le laisser voir (en vain).
- Mais elle est tout aussi coincée dans les états Maîtrise et Soi qui l'amènent à chercher à contrôler en permanence tous les faits et gestes de son ami : coups de fil incessants pour vérifier où il est, avec qui, etc., surveillance de ses moindres regards, lectures de ses messages...

Le plus frappant, lorsque nous observons ces comportements chez les autres, est que du point de vue du voyeur (nous !), ils semblent fous. Sonia a l'air réellement malade et donne l'impression de ne pas voir les mêmes choses que nous, qui sommes évidemment normaux (évidemment, sinon, c'est elle qui regarderait la télévision !). En fait et selon la théorie du renversement, elle « ne débloque » évidemment pas, mais est juste au contraire « bloquée » dans des états mentaux. Ce n'est d'ailleurs que lorsqu'elle se voit à la télévision qu'elle peut le concevoir. Encore une fois, cela peut nous arriver à tous quelquefois, pendant quelque temps, de voir les choses de façon un peu folle ou bloquée, tandis que nos amis nous exhortent raisonnablement à en prendre conscience.

1. On a tous des fixettes ! Moi c'est la tête de veau, sauce ravigote.

Ces exemples mettent en lumière un des principes originaux de la théorie : lorsque nous sommes dans un état mental donné, nous voyons, percevons, ressentons, évaluons ce qui nous arrive d'une manière particulière, excluant les autres manières.

Dans le cas extrême de Sonia, bloquée dans les états Sérieux, Conforme, Maîtrise et Soi, ce qui est important pour elle, c'est le risque de perdre son ami. Tout ce qui arrive est sujet à contrôle. Tout est passé à ces filtres d'évaluation : il paye et sourit à la caissière, est interprété en termes de conséquences et de rapport de force (*elle lui plaît, je le perds*).

L'état mental agit comme un filtre (et un philtre !)

Il en va de même pour Seb à l'égard d'Élie : dans les états Maîtrise et Soi, il est incapable d'empathie. Il ne peut pas concevoir ce que son amie a fait dans le passé parce qu'il ne le ferait pas lui et parce qu'il voit la relation dans cet état d'esprit et pas un autre. Tandis qu'à l'inverse, les états mentaux Sympathie et Autrui agissent comme un filtre opposé pour Élie. Philtre d'amour dans ce cas-là et de rapport de force dans le précédent.

Ce que suggère l'image du philtre (celle du pouvoir qu'aurait une boisson miraculeuse sur nous) est bien représentatif des états mentaux. D'où la nécessité pour Sonia ou Seb de bien les connaître pour ne pas les subir à mauvais escient. Vous comprendrez évidemment que la solution à leurs maux réside d'abord dans la prise de conscience de leur état (ou des états mentaux qui conditionnent leurs perceptions). Si cette prise de conscience fait son effet, ils n'auront plus qu'à lire ce livre pour y dénicher les différentes techniques mentales que nous y exposons et qui leur permettront de changer leur façon habituelle de voir.

« Il n'y a que les imbéciles
qui ne changent pas d'avis.
C'est mon avis et je ne vois pas
pourquoi j'en changerais. »
Le Chat de Philippe Geluck

Les films qui le montrent bien

Un homme d'exception (*A beautiful mind*),
de Ron Howard avec Russel Crowe, Ed Harris...

Bonus

PRISE DE TÊTE, ÉMOTIONS ET STRESS

Un aperçu de ce que vous pouvez faire de vos prises de tête émotionnelles avec la méthode Apter

6

QUAND LES ÉMOTIONS S'EN MÊLENT : LA VÉRITÉ SUR LE STRESS

La méthode Apter nous apprend à rééquilibrer les tensions pour que nos émotions, grands capitaines de nos vies[1]*, restent agréables*

RAVISSEMENT, TROUBLE, ANGOISSE, JOIE, EFFROI, JALOUSIE FIERTÉ, EXALTATION, AGITATION, EUPHORIE, ANGOISSE, COLÈRE, ESPIÈGLERIE... Le vocabulaire de nos passions est pléthorique car nombreuses sont les émotions qui fleurissent nos vies, et les pourrissent parfois aussi. Les émotions ont des couleurs : le bleu et le jaune d'une belle journée à la plage, le gris d'un matin triste, le noir du deuil, le rouge du sang bouillonnant d'énergie ou de colère... Les émotions ont des saveurs délicieuses, écœurantes, douces-amères, ou simplement douces puis

1. « N'oublions pas que les petites émotions sont les grands capitaines de nos vies et qu'à celles-là nous y obéissons sans le savoir. » Extrait d'une lettre de Vincent Van Gogh à son frère Théo.

carrément amères. Les émotions sont changeantes ; elles nous transportent ou nous assaillent, nous débordent ou nous terrassent sans que nous ayons vraiment prise sur elles.

Mais qu'y pouvons-nous ? Et faut-il seulement le vouloir ? Leur mystère n'est-il pas ce qui leur donne saveur et intérêt? Que seraient les joies de l'amour sans l'anxiété dans la « montée des escaliers[1] » ? Que serait la victoire sans la crainte de l'échec (« À vaincre sans péril »...) ? Et le rire, sans les larmes ?

Certaines émotions semblent pourtant moins savoureuses qu'intéressantes : la honte nous aide à nous souvenir de ne pas recommencer les mêmes erreurs. Mêmes les émotions les plus pénibles ont leur utilité. La peur garde contre l'excès de confiance en soi et le ressentiment contre l'excès de confiance dans les autres. La tristesse permet de faire son deuil de la perte de l'être aimé. Sans culpabilité, pas de repentance, ni de réconciliation. De fait les émotions sont nos amies.

VOS ÉMOTIONS SONT COMME DES AMIES

Les amis sont souvent des sortes d'anges-gardiens. Ils vous procurent sans doute du plaisir, du bonheur mais sont aussi là pour vous alerter d'un danger, vous prévenir d'un écart que vous vous apprêtez à faire. Et cela n'est pas toujours agréable. D'ailleurs, on perd parfois ses amis lorsqu'on ne les écoute plus ou lorsqu'on les néglige. Ils s'éloignent et c'est comme un vide dans nos existences. Ou bien des différends surviennent, mais ils ne brisent les liens que lorsque l'on se bloque chacun dans sa position et que

1. « Le meilleur moment de l'amour, c'est quand on monte l'escalier. » Attribué à Georges Clémenceau.

l'on ne cherche plus à faire face, ni à se comprendre. Alors évidemment, le meilleur des amis peut s'avérer un redoutable et nuisible adversaire.

Les émotions sont vos amies. Les plus agréables comme les plus désagréables. Elles méritent toute votre attention et, grâce à la méthode Apter, vous allez pouvoir aller à leur rencontre, apprendre à les reconnaître, puis à les apprivoiser. Cela vous permettra de comprendre comment elles vous aident et pourquoi, parfois, elles peuvent vous nuire.

Un déjeuner en paix

> Elle prend son café en riant et me regarde à peine
> plus rien ne la surprend sur la nature humaine
> ce pour quoi elle voudrait, enfin, si je le permets,
> déjeuner en paix.[1]

Dans sa chanson, Stephan Eicher, nous raconte l'histoire d'une femme, appelons-là Éléonore, qui aspire à vivre quelques instants hors de la sombre réalité qui l'entoure. Comme vous parfois peut-être, elle ne regarde plus le journal de 20 heures, s'abstrait du bulletin d'info à Télématin et a arrêté d'écouter France Info comme on arrête de fumer. Les vols de banques l'ennuient, les « affaires » l'agacent, les meurtres l'attristent et le tout peut la mettre de mauvaise humeur pour la journée ou l'empêcher de bien dormir la nuit.

Éléonore est lasse. Elle « sature » et ses émotions accompagnent ce changement. C'est sa façon de déstresser. Vous

1. Extrait d'une chanson de Stephan Eicher, *Déjeuner en paix*, 2001, Interowners.

faites la même chose lorsque vous décidez de vous occuper de vous en allant chez le coiffeur ou en vous réservant deux heures de rêve au cinéma ou au théâtre. « Déjeuner en paix », c'est le contraire de cette autre chanson : « *How can we dance when our beds are burning*[1]. »

Le malheur des autres, Éléonore n'en veut pas, au moins le temps du petit déjeuner. Éprouver de la compassion ne l'intéresse pas, pas maintenant. « Me feras-tu un bébé pour Noël ? » demande-t-elle dans la chanson. Elle a plutôt envie que l'on s'occupe d'elle. Elle préfère éprouver de la gratitude envers celui qui la gâte, que de la culpabilité pour d'autres. Autres émotions, autres motivations. Au diable la culpabilité : elle serait plutôt d'humeur à chanter « sept cent millions de petits Chinois, et moi, et moi et moi[2] ! » Elle est aussi désabusée car « plus rien ne la surprend sur la nature humaine ». Plutôt dans l'opposition, elle semble dire : « Fichez-moi la paix avec toutes vos mauvaises nouvelles », mais elle veut rester de bonne humeur et finit par demander, espiègle, si on lui permettra « de déjeuner en paix ». Elle applique dans une certaine mesure la balance de la motivation avec laquelle vous vous êtes familiarisé tout au long du livre.

Une balance que l'on peut désormais traduire en émotions.

Eléonore ne veut pas de radio, ni de journal du matin. Une conversation toute rose pour un petit déjeuner fleuri d'émotions agréables. Tel est le programme qu'elle veut suivre pour s'assurer d'être de bonne humeur.

---

1. « Comment pouvons-nous danser pendant que nos lit brûlent », Midnight-Oil, *Beds are burning*, 1987.
2. Jacques Dutronc.

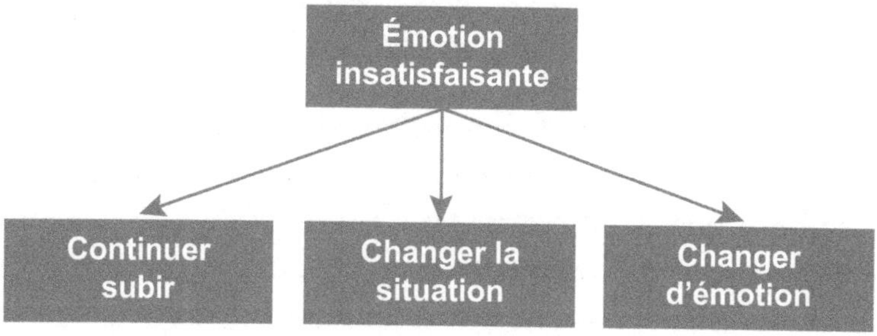

La balance des émotions

Émotions et états mentaux même combat !

Comme vous devez sans doute le pressentir à présent que vous vous êtes familiarisé avec la Méthode Apter, ces émotions sont liées aux états mentaux. Vous avez remarqué par exemple, qu'Éléonore est centrée sur elle (état mental Soi). Elle est heureuse que son amant lui prépare son petit déjeuner et prenne soin de ne pas l'importuner avec les nouvelles du monde (état mental Sympathie). À ces deux états mentaux correspond une émotion que l'on va nommer ici la **Gratitude**.

Si, juste auparavant, elle a envoyé son chèque à l'Unicef en pensant aux enfants qu'elle contribuait un peu à aider (états mentaux Sympathie et Autrui), le bonheur qu'elle en a éprouvé peut être qualifié de **Vertu**.

Situation	→	**États mentaux**	→	**Réaction émotionnelle**

Si, en revanche, elle a allumé la radio et que les nouvelles de la guerre en Syrie l'ont fâchée, le trop grand sentiment d'impuissance (état mental Maîtrise) qui l'a envahi lui a fait changer de programme. Aux mêmes états mentaux Autrui et Maîtrise correspond cette fois une émotion désagréable : la **Honte**. Et si elle revient à elle-même, elle ruminera un moment contre tous ces fanatiques sanguinaires (**Ressentiment**).

Mais non. Éléonore choisit de vivre certaines émotions plutôt que d'autres qu'elle estime inadaptées à la situation. Et plutôt que de se mettre en **Colère**, elle se focalise sur l'instant présent (état mental Enjoué) : elle prend son café en riant (...), plus rien ne la surprend sur la nature humaine, c'est pourquoi elle voudrait, enfin si on le lui permet (**Espiègle**), déjeuner en paix. Comment est-ce possible se demande sans doute son amant chanteur? Rire de la misère humaine ! Pourquoi ne pas rire de honte ou bien jouir de culpabilité pendant qu'on y est ?

C'est possible parce que nos émotions s'inscrivent dans le calice de nos désirs et donc de nos états mentaux et que ceux-ci changent.

Visitez les émotions de vos désirs

Désirs Vous voulez :	**États mentaux**	**Émotion agréable**	**Émotion désagréable**
Atteindre un but attendu	Sérieux & Conforme	Sérénité	Anxiété
Avoir raison	Sérieux & Transgressif	Détachement	Colère
Profiter du moment	Enjoué & Conforme	Enthousiasme	Ennui
« Jouer » à votre façon	Enjoué & Transgressif	Espièglerie	Maussaderie
Du bien pour vous	Sympathie & Soi	Gratitude	Ressentiment
Du bien aux autres	Sympathie & Autrui	Vertu	Culpabilité
Votre réussite	Maîtrise & Soi	Fierté	Humiliation
La réussite des autres	Maitrise & Autrui	Modestie	Honte

En effet, si on regroupe les états mentaux deux par deux, ils délimitent certaines émotions que nous pouvons vivre, comme l'indique le tableau ci-dessus.

Vous constatez que, pour chaque désir, sont présentées deux émotions : l'une est agréable et l'autre ne l'est pas. Comme chaque désir est déterminé par rapport aux états mentaux, il est possible de traduire les émotions en états mentaux. Les termes utilisés pour nommer ces émotions ne sont évidemment que des termes génériques. En effet, les émotions ne sont pas toujours vécues isolément les unes des autres. Elles se mélangent, s'enchaînent, s'imbriquent. Elles sont aussi d'intensités variables et s'expriment dans une infinité de nuances que chaque langue s'évertue d'ailleurs à désigner.

C'est par exemple le terme « colère » qui sera choisi pour désigner l'ensemble de la palette d'émotions désagréables liées aux états Sérieux et Transgressif. Mais on peut être peu ou très en colère, simplement agacé ou irrité, énervé, fâché, courroucé, mécontent, indigné...

En quoi ces émotions désagréables peuvent-elles nous aider ? Chaque fois qu'elles surgissent elles nous incitent à faire quelque chose pour revenir à l'émotion agréable correspondante. Voyons comment.

PRENDRE EN COMPTE SES ÉMOTIONS DÉSAGRÉABLES, C'EST GÉRER SON STRESS

En retard

Vous aviez pris un peu d'avance pour être sûr d'être à l'heure à cette réunion, mais vous êtes tombé dans un embouteillage qui vous a retardé et, dès que vous êtes garé, vous vous dépêchez pour arriver quand même à l'heure. Le désagrément de faire perdre du temps aux autres (états

Maîtrise ou Sympathie et Autrui) et de manquer votre but (Sérieux) ainsi que le devoir de l'éviter (Conforme) génère une réaction en chaîne d'émotions désagréables, l'inquiétude par exemple, qui vous pousse à agir, à vous mobiliser, à faire un effort supplémentaire.

L'inquiétude est donc une réaction saine, dans la mesure où elle incite à l'action. Lorsque vous êtes contrarié dans l'atteinte d'un but qui vous motive (dans l'état Sérieux donc), vous éprouvez une tension désagréable car vous préféreriez rester calme et serein. C'est pour revenir à cet état serein que vous vous mettez à agir. En purgeant l'inquiétude, vous vous libérerez de cette tension.

Émotion désagréable → Mobilisation (Faire face) → Libération

Tout le monde s'accorde à dire que l'anxiété est *la* forme de stress. Vous voudriez arriver à l'heure et ressentir de la sérénité, mais l'embouteillage vous en empêche et vous ressentez l'émotion opposée, l'anxiété. Mais pour la Théorie du Renversement toutes les émotions désagréables sont des stress à part entière. Elles sont appelées « stress de tension » parce que l'on tend vers une émotion opposée et satisfaisante mais que ce désir est mis en échec. Pour Michael Apter, il y a autant de stress de tension que d'émotions désagréables[1]. Huit au total.

Ainsi l'embouteillage, qui menace de nous empêcher d'être à l'heure, crée deux stress de tension qui se cumulent :

- la tension entre la sérénité (progresser au bon rythme) et l'anxiété (l'obstacle de l'embouteillage);

1. La Théorie du Renversement– une dynamique de personnalité. Apter-France, Paris, page 62.

- la tension entre la honte (faire perdre du temps aux autres) et la modestie (au contraire, ne pas faire de vagues).

Si l'embouteillage persiste, les tensions durent. Pour libérer la première, vous pouvez vous garer, aller à pied, prendre un vélo en libre service, ou un transport en commun (euh, non, pas un taxi). Pour libérer la deuxième, vous pouvez téléphoner pour alerter de votre retard (« commencez sans moi »).

Stress de tension

De la même manière, si on ne vous invite pas à une manifestation (une réunion, une fête, un weekend), si on ne vous félicite pas pour ce que vous avez fait, ou encore si vous ne vous sentez pas intégré dans une équipe, alors que auriez aimé l'être, vous pouvez éprouver du ressentiment. Vous voudriez être aimé ou reconnu mais ne l'êtes pas, alors vous en voulez à celui qui vous rejette. La tension vient dans ce cas du fait que vous aimeriez ressentir de la gratitude (être en mesure de remercier la vie, les autres, ...), mais en êtes empêché. Parce qu'elle est manque d'amour (vous le ressentez dans l'état Sympathie), cette émotion est une alerte qui devrait vous pousser à demander de l'attention.

Si elle vous pousse à la revanche – ou pire à la vengeance – c'est que (comme Célimène au chapitre 5 page 86) vous avez renversé dans l'état Maîtrise et qu'elle s'est transformée en humiliation, un stress de tension vis-à-vis de votre fierté.

SORTIR DES ÉMOTIONS DÉSAGRÉABLES : DAVANTAGE DE SOLUTIONS AVEC LA MÉTHODE APTER

Pour chaque tension vous connaissez une gamme d'actions à mener permettant habituellement de retrouver son bien–être comme l'indique le tableau suivant :

Les voies habituelles pour réduire la tension

États mentaux	Émotion désagréable	Voie de résolution	Émotion agréable
Sérieux & Conforme	Anxiété	Faire avec, composer	Sérénité
Sérieux & Transgressif	Colère	S'affirmer	Détachement
Enjoué & Conforme	Ennui	S'exciter	Enthousiasme
Enjoué & Transgressif	Maussaderie	Se moquer	Espièglerie
Sympathie & Soi	Ressentiment	Demander de l'attention	Gratitude
Sympathie & Autrui	Culpabilité	S'excuser	Vertu
Maîtrise & Soi	Humiliation	Prendre sa revanche	Fierté
Maitrise & Autrui	Honte	Combler son insuffisance	Modestie

Ainsi même vos émotions les plus désagréables peuvent être vos amies. Chacune d'elle se manifeste à vous comme un stress positif dans la mesure où elle exprime une tension désagréable dont le but est de vous faire réagir.

Cependant si ces émotions durent - autrement dit si vous ne réagissez pas ou que votre réaction n'est pas efficace - elles peuvent aussi vous être nuisibles.

Vous développez alors une autre forme de stress : le « stress d'effort ». Revenons à notre embouteillage.

Essaie encore !

De plus en plus en retard

Vous vous garez en retard et vous dépêchez (je vais y arriver !) mais au pied de la tour, une affiche indique que l'ascenseur, est en panne (Oh nonnnnn ! – cela commence à devenir désagréable). Vous prenez l'escalier et montez en courant (si, si, je vais y arriver) mais, au premier virage, vous tombez sur toute une file de gens qui ont eu la même idée que vous (Oh noooooon ! – désagréable non ?). On vous dit que la réunion est annulée. Mais vous continuez à trépigner inutilement tout au long des 6 étages qui restent pour que votre chef ne pense pas que vous avez tiré au flanc.

Comme la réunion est effectivement annulée, ça ne mène à rien et arrivé à destination vous êtes aussi fatigué que si vous en aviez monté 12. « Détendez-vous donc Marc ! ». Vous prenez un café et retournez fumer une cigarette dehors.

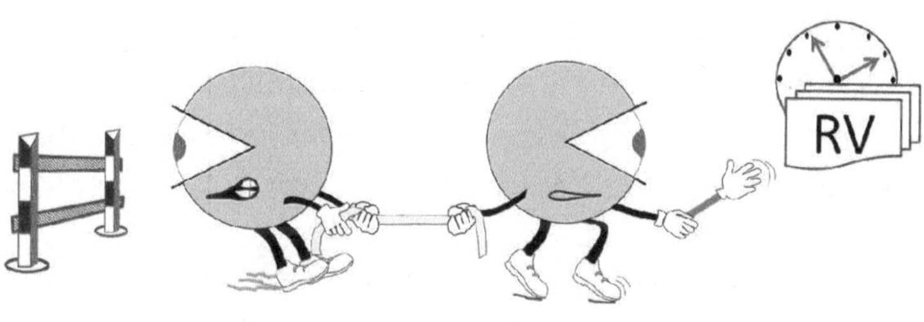

Stress d'effort

Stress d'effort et stress de tension

Pour Michael Apter, le stress d'effort est une réponse au stress de tension et une façon parmi d'autres de réduire le stress de tension : lorsque l'on est tendu, on fait l'effort de se détendre. « Le stress de tension semble être le type de stress auquel les psychiatres s'intéressent le plus, tandis que le stress d'effort (...) intéresse le reste du corps médical. Autrement dit, le stress de tension est lié à la névrose, et aux autres symptômes psychopathologiques, tandis que le stress d'effort est d'avantage lié à des symptômes psychosomatiques tels qu'ulcères, maux de dos et maladies cardiaques[1]. »

Vous avez tenté de réduire le stress de tension (entre aspirer à être calme et devoir se presser) par un **effort supplémentaire** dans la même direction (ici, atteindre le but d'arriver à l'heure). Au début, l'effort n'est pas désagréable car vous avez le sentiment de progresser vers le but désiré (arriver à l'heure). Mais si ce résultat ne se produit pas et que vous vous activez de plus en plus dans cette même direction, l'effort, mais aussi le fait de vous activer (l'activation) deviennent de plus en plus désagréables. L'inquiétude se transforme en anxiété

Cet effet d'accroissement peut être représenté par une courbe, en forme de descente aux enfers !

À partir du moment où l'on s'active pour rien, on est comme un moteur qui tourne à vide : l'anxiété devient désagréable et l'activation devient nuisible. On se fatigue de plus en plus, on se crispe, on perd en discernement et bientôt cela sera l'épuisement et le retour au rez-de-chaussée en brancard.

Comme l'activation est devenue nuisible, on cherche naturellement à la réduire et on vous conseille pour ce faire

1. La Théorie du Renversement – une dynamique de personnalité, Apter-France, Paris.

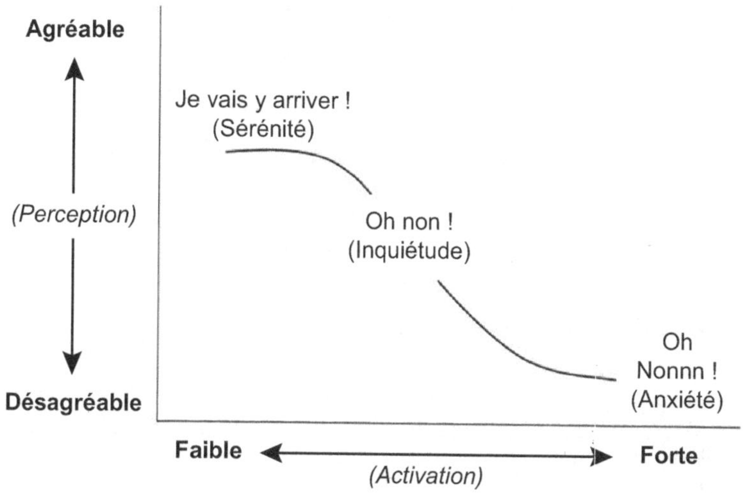

La descente aux enfers

des exercices de relaxation ou de respiration. Mais cela ne règle pas toujours le problème du retard au rendez-vous... Alors on compense par des drogues (cigarettes – plus ou moins légales –, alcool – illégal au volant –, café – même si ça ne calme pas !).

Ou on en arrive à des situations infernales.

Tout ceci est bien connu dans le domaine de l'anxiété, depuis que Hans Selye[1] a mis en évidence ce mécanisme qu'il a nommé « Syndrome Général d'Adaptation » :

- au début, vous vous mettez en alerte (Aïe, je vais être en retard) ;
- puis vous vous activez pour vous adapter (Allez, je me dépêche) ;

1. Cet endocrinologue canadien (d'origine hongroise) a introduit la notion de stress en médecine. Le mot lui-même aurait été inventé par Walter B. Cannon.

La descente aux enfers

Émotion désagréable (alerte)	Voie de résolution	Émotion agréable recherchée	Conséquences en cas d'échec
Anxiété	Faire avec, composer	Sérénité	Burn-out
Colère	S'affirmer	Détachement	Emportement
Ennui	S'exciter	Enthousiasme	Abattement
Maussaderie	Se moquer	Espièglerie	Irritabilité
Ressentiment	Demander de l'attention	Gratitude	Plainte, Rancœur
Culpabilité	S'excuser	Vertu	Avilissement, Mépris de soi
Humiliation	Prendre sa revanche	Fierté	Défaitisme, repli sur soi
Honte	Combler son insuffisance	Modestie	Indignité

- et enfin vous fatiguez, surtout si l'effort de mobilisation dure et qu'il ne porte toujours pas ses fruits.

Un peu d'histoire

Hans Selye avait en effet observé chez ses patients qu'au-delà de la maladie qu'ils venaient soigner, la plupart étaient malades d'être malades. Cela vous arrive à chaque fois qu'un simple rhume commence à se faire sentir. Que votre amie l'anxiété vous alerte et vous serve à faire attention, à vous couvrir ou à éviter les courants d'air, tout va bien : la réaction émotionnelle vous permet de vous adapter. Mais si, en plus, vous vous faites du souci à propos de ce souci ou des conséquences éventuelles (ou probables, voire certaines !), vous vous « sur-adaptez ».

Mais la Théorie du Renversement l'éclaire d'un jour nouveau et :

- met en évidence qu'il existe deux types de stress distincts qui sont le stress de tension d'une part et le stress d'effort, d'autre part ;
- montre qu'il existe 8 stress de tension qui correspondent à 8 émotions désagréables types ;
- élargit donc la compréhension et le traitement du stress à des formes souvent négligées autant en soin que dans les entreprises ;
- propose des voies de traitement innovantes du stress et des émotions.

Davantage de solutions

Vous le savez à présent, selon l'état mental dans lequel vous êtes, vous n'allez pas réagir de la même manière à l'activation. Souvenez-vous de Gaëlle qui avait le trac (page 66) ; en renversant de l'état Sérieux à l'état Enjoué, sa perception désagréable de tension devient agréable. L'anxiété (inquiétude) se transforme en enthousiasme (plaisir immédiat) et la tension en excitation.

Cela s'applique à beaucoup de situations qui n'ont rien avoir avec l'anxiété :

- vous subissez une rupture amoureuse,
- vous manquez de confiance en vous et avez tendance à vous auto-dénigrer,
- vous avez été licencié abusivement,
- on vous harcèle au travail,
- vous culpabilisez à tort (et à travers),
- votre travail vous ennuie ou vous êtes désœuvré,

Qu'est-ce que la relaxation ou les traitements de régulation de l'humeur pourront vous apporter ? Au mieux, vous réussirez à calmer l'anxiété que vous pouvez ressentir

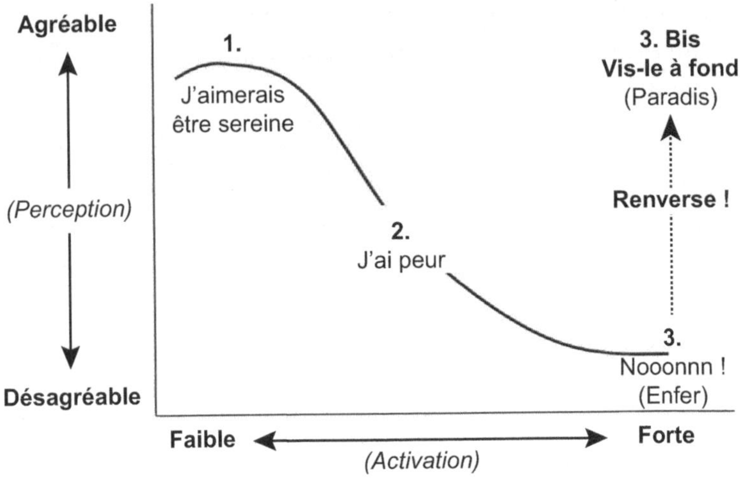

Des enfers au paradis : renverser la situation

en plus du stress de tension causé par la situation qui vous pose problème. Mais cette tension-là ?

À chaque émotion son stress d'effort

À chaque émotion désagréable correspond un stress de tension et un stress d'effort spécifique qui consiste à persister dans une même direction émotionnelle opposée à l'émotion désagréable.

> ***Vous avez voulu aider un ami un peu timide***
>
> Vous lui avez conseillé d'être franc avec sa petite amie que vous n'appréciez guère (il faut bien le dire). De la même manière qu'il fait un effort pour la suivre dans des expositions qu'elle adore, mais qui, lui, l'ennuient, elle devrait faire l'effort de partager sa passion pour les matchs de football. Sinon pourquoi être ensemble ? Il avait l'air si triste. Résultat, il l'a fait : ils ont eu une explication de fond et se sont quittés. Il est encore plus triste qu'avant et vous culpabilisez d'avoir été la cause de cette rupture.

Vous lui demandez alors pardon de ce conseil malheureux. Si malgré votre demande de pardon, vous continuez à éprouver de la culpabilité, ou si votre ami continue à vous en vouloir, et que vous continuez à lui demander pardon, vous vous mettez en stress d'effort inutile et l'émotion devient syndrome. Elle ne sert plus à rien et ne fait plus que vous ronger : vous allez vous dévaloriser, et peut-être à terme vous sentir méprisable.

Détends-toi !

La même chose peut vous arriver avec la honte : au lieu de culpabiliser de lui avoir fait de la peine (Sympathie et Autrui), vous aurez honte de lui avoir fait perdre sa petite amie (Maîtrise et Autrui) – même si vous ne l'aimiez pas beaucoup (il faut bien le rappeler).

De la même manière, cette émotion peut vous conduire à réagir et reconnaître votre erreur pour faire disparaître votre honte (stress de tension). Mais si cela ne marche pas et que vous persistez dans cette émotion, c'est la descente aux enfers de l'indignité. Évidemment, là aussi vous pouvez renverser dans l'état Soi et transformer votre honte en fierté.

Remarquez sur ce schéma que ce n'est pas l'intensité de l'activation qui détermine la tonalité agréable (ou non) de la perception mais le résultat de l'échange : qui gagne, qui perd.

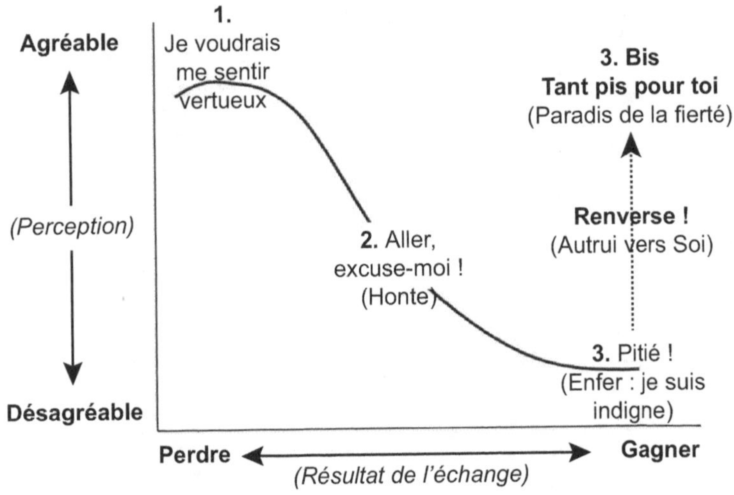

Des enfers au paradis

Il est ainsi possible de décliner chaque émotion désagréable en stress de tension et en déduire donc qu'il y a autant de formes de stress d'effort que d'émotions désagréables.

Et pour chaque situation il existe de nouvelles solutions dont certaines vous ont été présentées dans ce livre.

Mais en comprenant la manière dont vos états mentaux déterminent vos émotions vous pouvez encore en inventer bien d'autres.

CE QU'IL FAUT RETENIR

- Les émotions sont des amies délicates à apprivoiser. Des amies pour la vie si vous prenez le temps d'apprendre à les connaître et à les comprendre. Les plus agréables comme les plus désagréables.
- La Théorie du Renversement propose une grille de traduction innovante des émotions, comme l'expression de nos états mentaux.
- Ce ne sont donc pas nos émotions qui nous gouvernent mais les états mentaux qui les sous-tendent.
- Les émotions désagréables ont leur utilité : d'alertes parfois, de mémoire souvent. Elles permettent donc de réparer ses erreurs ou de se garder de les reproduire. Connaître les rouages, permet de mieux les vivre. De cette façon, on évite aussi qu'elles nous tétanisent.
- Enfin cette nouvelle approche des émotions est une voie surprenante et efficace de gestion du stress
- Chaque émotion désagréable est un stress de tension et l'on peut apprendre à reconnaître.
- La méthode Apter apporte donc une palette de solution plus large en traitant distinctement chacune des formes de stress.

LA TECHNIQUE DE RENVERSEMENT MENTAL : PAPILLONNEZ POUR PRENDRE DU RECUL

Papillonner consiste à visiter ses émotions, toutes ses émotions en les imaginant comme des fleurs dans un jardin. Il y a 8 émotions agréables et 8 émotions désagréables (voir tableau page 136) et encore plus si vous en déclinez les nuances. Prenez le temps d'en apprécier toutes les couleurs, toutes les saveurs puis attardez-vous certaines plutôt que d'autres en imaginant ce que « cela ferait » de les ressentir :

- Commencez par choisir une émotion agréable dans un autre registre que celui qui vous envahit. Par exemple si vous êtes anxieux et donc dans le registre Sérieux – Conforme, essayez de ressentir de la fierté dans le registre Maîtrise – Soi.
- Rappelez-vous ce que vous ressentez lorsque vous l'éprouvez en vous remémorant une situation où vous l'avez expérimentée.
- Demandez-vous ce qui vous permettrait de la ressentir dans le cas présent.
- Appuyez-vous le cas échéant sur les états mentaux associés pour orienter votre désir (et la boussole des désirs).

7

SIX TECHNIQUES ILLUSTRÉES POUR VOUS LANCER

1. APPRENDRE AUX ENFANTS À FAIRE FACE ET À ASSUMER

Le coup de l'esquive

Vos enfants vous ont sans doute fait le coup de l'évitement : Eux : « J'ai eu 8 sur 20, mais ce n'est pas de ma faute, le prof nous a donné un exercice sur une partie que l'on n'avait pas vue ». Vous : « Tu devrais avoir honte de taper sur ta sœur ! ». Lui : « c'est elle qui a commencé ». Vous : « Tu devrais te dépêcher, tu vas être en retard ». Eux : « Mais non j'ai le temps ». Vous : « Ça ne te dérange pas de te tenir comme un cochon à table ? » etc. Et vous passez vos soirées et vos week-ends à tenter de leur faire voir les choses en face : ils doivent apprendre à se responsabiliser. Peut-être le faites-vous trop souvent ? Peut-être n'alternez-vous pas de façon équilibrée les réprimandes et les compliments ?

Sans doute est-ce aussi une bonne chose s'ils apprennent à esquiver, car cela procède de la flexibilité mentale. Et avant de voir comment leur apprendre à faire face, souvenons-nous qu'un des principes fondamentaux de la

Théorie du Renversement réside dans la capacité à varier les états mentaux et donc les émotions.

Comment s'y prendre ?

La mauvaise note n'est pas méritée mais vous avez vérifié et l'enfant esquive en substituant (à tort) Honte à Humiliation. Surtout s'il vous dit juste après, « donc 8 sur 20 c'est bien » (Fierté). L'approche consiste à :

- Le conduire à regarder les choses en face en prenant le temps de revoir sa copie au regard du cours censé avoir été appris.
- Le faire dans les états Maîtrise et Autrui avec le désir de l'aider (bienveillance) et non dans les états Maîtrise et Soi (avoir raison). Éviter bien entendu aussi la colère ou l'anxiété qui vont provoquer d'autres réactions défensives de l'enfant.
- L'aider à faire le chemin de la reconnaissance de son erreur pour son bien propre, vers le sentiment de responsabilité : « si tu reconnais tes erreurs, tu vas pouvoir les regarder en face et les corriger. Où t'es-tu trompé ? »
- L'aider à se préparer à réussir le prochain devoir puis, une fois que c'est fait et que le résultat est amélioré, lui donner un retour positif pour l'aider à ressentir cette fois les émotions positives : « Tu ne t'es pas défaussé et tu as donc pu corriger tes erreurs : tu vois, ça marche. Tu es fier de toi ? »

Il en va de même avec les autres « coups » qu'ils vous font : prenez le temps de les aider à faire face à leurs émotions désagréable et faites-leur « Visiter les émotions de vos désirs » (Tableau page 136).

2. PLUS C'EST DUR, PLUS C'EST BON (DES VERTUS DU RENVERSEMENT)

Pierre va déposer le bilan

C'est sûr. Son comptable est formel : « Vous devez licencier pour vous adapter à la baisse de votre carnet de commande, mais vous n'avez pas les moyens financiers de le faire (on est en France), la société n'y survivra pas. Rassurez-vous, nous allons faire ça proprement et dans 6 mois tout sera fini. » Chronique d'une mort annoncée : tous les matins Pierre se lève avec une boule dans le ventre. Comment tenir 6 mois comme ça. Il va finir par se rendre malade.

« Positive » lui disent certains ! Mais comment positiver un truc pareil. Pendant quelques semaines, Pierre fait son deuil. Perdre une entreprise, c'est peut-être comme perdre quelqu'un de cher. Ce n'est pas gai en soi et il prend le temps de méditer sur ses erreurs, de regretter certaines décisions, de s'épancher auprès de ses amis proches. « Cela aurait pu être pire » lui disent les autres ». Mais cela ne le console pas. Il en veut à la terre entière autant qu'à lui-même.

« Qu'est-ce que cette situation t'apporte ou te permet de faire que tu n'aurais jamais réussi sans cela ? » lui demande un dernier ? Pierre pense à son père qui a été résistant pendant la guerre. Un modèle vivant de survie qui a vécu plusieurs semaine caché dans les racines d'un arbre pendant le ratissage systématique que les Allemands avaient organisés pour « éradiquer » la résistance Slovène (été 1944).

Comment s'y prendre ?

Pour survivre aux 6 mois qui viennent, Pierre établit un rituel quotidien :

- Tous les matins au lever, sa première pensée est comme une prière de remerciement « Merci de ne me donner à vivre que des épreuves à ma portée » (Renversement de Ressentiment vers *Gratitude*).

- Il fait ensuite de l'exercice (une heure de jogging) pendant lequel il revoit tout ce qui l'attend dans la journée et qu'il examine comme un combattant regarde un champ de bataille : une pointe de *Colère* qui le libère de son *Anxiété* et qu'il transforme en *Fierté*.

En effet, tous les soirs, il fait un bilan et seul ou avec un ami, il raconte avec *Fierté* ce qu'il a su affronter dans la journée.

3. *JOUER À QUI PERD GAGNE*

Vous le faites déjà sans toujours en avoir conscience ni être sûr du bien-fondé de cette technique. Elle s'applique pourtant parfaitement à toutes les situations d'échec.

> ***Le projet à l'eau***
>
> Cela fait des mois que toute l'équipe est mobilisée sur ce projet innovant de développement. Un équipement qui devrait permettre aux avions d'économiser du carburant. Un premier client (fabriquant d'avions) est intéressé et les négociations semblaient aller dans le bon sens, quand la nouvelle tombe : « ils sont toujours d'accord pour acheter notre produit, mais il faut revoir sa conception car il ne s'adapte pas à leurs avions ». Les équipes sont démoralisées et le directeur du programme est atterré : « Tout recommencer ! Des milliers d'heures de travail foutues à la poubelle. Ce n'est pas possible. Comment vais-je remotiver les équipes après ce coup dur ? »

Jouez à « Qui perd gagne » lui conseille-t-on. En effet, le découragement du directeur de programme – autant que celui de toute l'équipe, est une forme d'abattement (Enjoué/Conforme) consécutif à un mélange d'émotions désagréables dans l'état Sérieux, mais aussi et surtout dans les états Soi auparavant : du Ressentiment (non prise en compte de tous nos effort), de l'impuissance (une forme d'Humiliation : perte dans l'état Maîtrise). Ces émotions masquent pourtant une autre réalité que le directeur doit redécouvrir en changeant sa façon de voir puis en conduisant ses équipiers à faire de même :

1. Comprendre le mécanisme :

- Dans l'état Sérieux, la nouvelle est perçue comme une déception anxiogène.
- Elle peut générer de l'abattement (renversement dans l'état Enjoué), ou bien de la Colère (Sérieux et Transgressif).
- Mais au départ, c'est l'état Soi et les émotions de ressentiment et d'impuissance qui sont en cause.

2. Il faut donc commencer par traiter ces émotions :

- Jouer à « qui perd gagne » consiste à regarder en face l'émotion ressentie : « Vous êtes déçus, abattus et trouvez sans doute injuste que notre client nous demande de tout recommencer. Il reste que notre produit a été suffisamment bon pour lui donner envie de poursuivre avec nous et surtout de nous dire ce qui n'allait pas. Il aurait très bien pu ne rien nous dire et nous laisser aller dans le mur. »
- Ensuite, il faut proposer une autre façon de voir et utiliser ce que nous avons vu à propos du Ressentiment : « Maintenant, on peut aussi voir le bon côté des choses et remercier notre client de nous avoir éclairé sur les faiblesses de notre produit. Grâce à lui on sait maintenant ce qui doit être amélioré et sans lui, on aurait pu échouer plus tard. »

- Enfin on peut aussi exploiter de la même manière la voie de sortie que nous avons vue au sujet de l'Humiliation : « Vous avez sans doute le sentiment d'avoir perdu un match, de ne plus rien y pouvoir, mais il reste le match retour ! Nous pouvons leur montrer ce que nous avons dans le ventre et prendre notre revanche. »

3. Ensuite seulement, on pourra plus facilement traiter la colère et l'abattement si cela s'avère encore nécessaire. Là, ce n'est plus gagner ou perdre qui est en jeu mais plutôt la perte de sens (Sérieux) ou d'énergie (Enjoué).

- La déception est ici anxiogène : les équipes ont le sentiment que cela n'avance pas. Une technique consiste à jalonner le chemin en plusieurs étapes intermédiaires : « Vous pensiez que nous étions arrivés au bout de nos peines et voir enfin notre ambition se réaliser. Ce n'est pas encore le cas, mais considérez que nous avons remporté une première victoire. Il en reste encore plusieurs avant de gagner la guerre et je vous demande donc de vous mettre dans cet état d'esprit-là. »
- L'abattement est une forme d'Ennui au sens de la Théorie du Renversement. Le directeur doit remobiliser ses troupes en leur montrant que le travail qui reste à faire est excitant. Pour cela, il doit établir un cadre protecteur qui leur permettra de se mettre dans l'état Enjoué (celui de la compétence par exemple) : « Je sais que vous êtes capable de relever ce défi. Vous l'avez déjà démontré et le démontrerez encore. Votre défi aujourd'hui est de mobiliser vos expertises, de faire régulièrement ce que vous aimez faire : innover, trouver des solutions malignes et inattendues. »

Grâce à la Théorie du Renversement, vous comprenez pourquoi le jeu du « qui perd gagne » peut marcher. Elle ne consiste pas à se voiler la face, ni à esquiver ses responsabilités. Au contraire, il s'agit de regarder le problème en face pour ensuite adopter une posture mentale motivante en sortant du stress de tension sans pour autant s'imposer un stress d'effort prolongé et inutile.

4. CHERCHER LA VAGUE

Vous avez commencé à découvrir cette technique avec le cas Gaëlle (page 66). Vous allez en découvrir une autre application intéressante grâce au témoignage de Marine :

Marine est infirmière-soldat

Elle n'a que 28 ans mais on lit dans ses beaux yeux clairs, un mélange surprenant de détermination et de sérénité qui tranche avec sa jeune et frêle silhouette (qui porte ses 50 kg d'équipements sur le dos quand même).

Elle revient d'opération en zone de guerre. C'était très dur. Pénible ? Non, sauf l'attente ou les heures passées dans le VAB[1] sous 45 °C et tout un équipement obligatoire à conserver sur soi (casque, gants, gilet pare-balles...). Oui elle a eu peur, mais plutôt après. « Face au feu je n'étais pas stressée, je me répétais les procédures de soin pour être prête à intervenir. Le danger me procurait la bonne dose d'adrénaline pour me tenir au taquet et à 100 % de mes capacités ». Et maintenant ? Elle a mis du temps à se remettre. Non pas du traumatisme que certains journalistes démagogiques se plaisent à décrire, mais plutôt du manque d'adrénaline. Et du manque de sens aussi : « tous ces gens normaux autour de moi qui se préoccupent de choses triviales... »

Vous n'êtes peut-être pas soldat, mais ce témoignage peut vous être utile. Tout d'abord, il vous permet de

1. Véhicule de l'Avant Blindé transport de troupe.

comprendre que l'activation n'est pas forcement anxiogène, au contraire. Et cela même dans les situations que vous jugez extrêmes (de gros stress). Et cela surtout dans les situations extrêmes. Le danger de l'activation ne réside pas tant dans l'anxiété que dans l'addiction : à vivre sans péril on triomphe peut-être sans gloire, mais surtout sans élan, sans plaisir. Et plus il y a d'excitation possible, plus il y a de plaisir[1]. »

Dès que vous en serez convaincu, il ne vous restera plus qu'à chercher la vague pour vous sortir de la plupart des situations anxiogènes.

5. LE SOURIRE INTÉRIEUR

Le Sourire intérieur est une posture mentale. En toutes circonstances désagréables, lorsque vous êtes pris sur le vif et n'avez pas de ressources ni de possibilité de changer la situation, souriez-vous à vous-même pour renverser dans l'état Enjoué.

Quand vous n'y pouvez rien

Vous êtes agressé par votre chef, un client, acculé à faire quelque chose de déplaisant, être dénigré en public... L'alerte émotionnelle qui se manifeste par de la colère ou de l'anxiété va vous conduire naturellement à agir pour changer la situation. Mais si cette réaction s'avère inutile ou inefficace ou pire que mieux ? Il vous reste à changer d'état mental pour retrouver une émotion qui n'ajoutera pas au désagrément subi, le trouble supplémentaire d'une émotion qui n'arrangera rien. Lorsque vous entendez par

1. Le philosophe Alain le dit très bien : « Le bonheur suppose sans doute toujours quelque inquiétude, quelque passion, une pointe de douleur qui nous éveille à nous-mêmes (Propos sur le Bonheur). »

exemple qu'il faut « prendre les choses avec philosophie », c'est un peu ce qui vous est suggéré.

À chaque fois que vous vous prenez la tête parce que vous êtes sous stress de tension, le sourire intérieur vous permettra de prendre immédiatement du recul et de retrouver la lucidité nécessaire à l'analyse de la situation. Pour cela, posez-vous la question de savoir ce qu'il y a d'amusant à vivre ce que vous vivez ? Quelle blague ferait votre humoriste préféré s'il devait tourner en dérision l'histoire dans laquelle vous êtes embarqué ?

6. *L'AMI CHOCOLAT OU DE L'ART DE COMPENSER*

Dans chaque état mental existe une motivation qui cherche à être satisfaite. Lorsque vous êtes stressé, et donc expérimentez une émotion désagréable, identifiez l'état mental frustré et voyez comment vous pourriez le compenser autrement. Vous le faites naturellement en compensant votre anxiété en mangeant par exemple du chocolat ? C'est le principe de base.

Mais le chocolat n'est pas la seule solution. Les joueurs de jeux vidéo connaissent bien le principe aussi, eux qui se passionnent pour des activités courtes, où les chances de victoire ou bien d'arriver au bout de la quête sont accessibles et procurent de grandes satisfaction. Ces jeux satisfont les états Sérieux et Maîtrise. Ils peuvent donc parfaitement compenser des échecs professionnels ou scolaires. Attention cependant au côté addictif. Si vous prenez l'habitude de donner satisfaction aux états frustrés par des solutions simples et accessibles, l'habitude est vite au rendez-vous qui vous empêche ensuite d'aller voir ailleurs comment les satisfaire normalement.

Maintenant que vous connaissez le principe, vous pourrez vous en servir mais penserez à cet adage détourné : compensation, oui, mais avec modération !

Exercice – Trouvez vos amis chocolat

Émotions	Désirs	Vos amis chocolat
Anxiété	Parvenir Faire avec	
Colère	Parvenir S'opposer	
Ennui	S'amuser Faire avec	
Maussaderie	S'amuser S'opposer	
Culpabilité	Prendre soin De l'autre	
Ressentiment	Se faire aimer, considéré	
Honte	Contrôler Aider l'autre	
Humiliation	Contrôler Réussir soi	

Joker

FAITES-VOUS DU SPORT ? RECHERCHEZ-VOUS LA PERFORMANCE ?

Et puis aussi un joker, car une chose est sûre,
si vous vous prenez la tête, la performance
ne sera pas au rendez-vous, que ce soit au bureau
ou la raquette à la main

8

ÊTES-VOUS UN CHAMPION DE L'INTELLIGENCE MOTIVATIONNELLE ?

Développez votre adaptabilité en tous lieux et dites adieu aux prises de tête

COMMENT ABORDEZ-VOUS LES SITUATIONS que vous vivez ? Avez-vous pris de mauvaises habitudes qui font de vous des abonnés aux prises de têtes ? Êtes-vous au contraire un champion de l'intelligence motivationnelle ? Êtes-vous capable de « surfer » sur les situations, en les abordant aussi souvent que possible dans un état d'esprit adapté ? Savez-vous ne jamais vous faire abattre par un évènement ? Trouver une issue heureuse à toutes les épreuves ? Profiter à fond des plaisirs qui vous sont offerts ?

Cette intelligence motivationnelle, cette « IM » qui très bientôt rivalisera d'intérêt avec sa cousine « IE[1] » est une des aptitudes humaines fondamentales. Elle peut se définir

1. Intelligence émotionnelle et leur ancêtre QI (quotient intellectuel).

comme une **capacité d'adaptation positive** et consiste donc à :

- Choisir de vivre heureusement ce qui nous arrive.
- Survivre en particulier aux épreuves en faisant preuve de flexibilité et d'agilité mentales.
- Varier les occasions de satisfaire chaque état mental et donc éviter de développer des frustrations.

Cela consiste donc à être le plus souvent possible dans le bon état mental au bon moment. Est-ce votre cas ? Pour le savoir, commencez par identifier dans quels états vous passez plus ou moins de temps.

MESUREZ VOTRE INTELLIGENCE MOTIVATIONNELLE

Le questionnaire suivant va vous donner une première idée de la façon dont vous vous motivez[1]. Pour cela, vous devez répondre à chaque question qui vous est posée et distribuer 5 points entre les deux réponses possibles. Par exemple, inscrivez 3 points à la réponse 1 si elle correspond plus souvent à ce que vous vivez que la réponse 2 (à laquelle vous donnerez 2 points). Vous pouvez aussi inscrire 4/1 ou 5/0 si la réponse vous correspond presque toujours.

Après avoir vérifié que le nombre de points est bien de 5 à chaque ligne, complétez le tableau suivant pour découvrir votre profil de styles motivationnels.

1. Il existe un questionnaire d'autodiagnostic standardisé et plus précis auquel vous pouvez accéder avec l'aide d'un coach qualifié : « L'Échelle de Style Motivationnel d'Apter » (ESMA). Pour plus d'information, consulter notre site www.antiprisedetete.com.

Mesurez votre intelligence motivationnelle

	J'ai plus souvent tendance à :	*points*		**... que tendance à :**	*points*
1	M'intégrer, faire comme il faut		2	M'opposer, être différent	
3	Apprécier les rapports de force		4	Apprécier les relations affectives	
5	Me sentir concerné par les conséquences		6	Me soucier du moment présent	
7	Être concerné par mes joies et mes peines		8	Être concerné par celles des autres	
9	Aimer prendre des risques		10	Éviter de prendre des risques	
11	Désirer prendre en compte autrui		12	Désirer être pris en compte	
13	Prendre soin		14	Prendre le contrôle	
15	« Faire contre »		16	« Faire avec »	
17	Chercher une satisfaction à venir		18	Jouir de ce qui m'arrive ici et maintenant	
19	Me mettre en avant en prenant des initiatives		20	Mettre les autres en avant	
21	Préférer la compétition		22	Préférer la coopération	
23	Éviter de réinventer le « fil à couper le beurre »		24	Expérimenter de nouvelles façons de faire	

Vous pouvez figurer votre profil en grisant une case par point pour obtenir un graphique en histogramme.

Grâce à ce graphe, vous avez à présent une idée de la façon dont vous vous motivez et plus particulièrement si vous utilisez certains états mentaux plus que d'autres.

Votre intelligence motivationnelle se mesurant à l'aune de votre capacité d'adaptation, il est donc probable qu'elle est d'autant plus élevée, que vos scores sont relativement équilibrés (autour de 7 points à chaque ligne).

Votre profil

États	Questions	Total	Total	Questions	États
Sérieux	5 : ...... 10 : ...... 17 :			6 : ...... 9 : ...... 18 :	Enjoué
Conforme	1 : ...... 16 : ...... 23 :			2 : ...... 15 : ...... 24 :	Transgressif
Maîtrise	3 : ...... 14 : ...... 21 :			4 : ...... 13 : ...... 22 :	Sympathie
Soi	7 : ...... 12 : ...... 19 :			8 : ...... 11 : ...... 20 :	Autrui

Votre profil

Sérieux	0	1	2	3	4	5	6	7	8	9	10	11	12	13	14	15
Enjoué	0	1	2	3	4	5	6	7	8	9	10	11	12	13	14	15
Conforme	0	1	2	3	4	5	6	7	8	9	10	11	12	13	14	15
Transgressif	0	1	2	3	4	5	6	7	8	9	10	11	12	13	14	15
Maîtrise	0	1	2	3	4	5	6	7	8	9	10	11	12	13	14	15
Sympathie	0	1	2	3	4	5	6	7	8	9	10	11	12	13	14	15
Soi	0	1	2	3	4	5	6	7	8	9	10	11	12	13	14	15
Autrui	0	1	2	3	4	5	6	7	8	9	10	11	12	13	14	15

DÉVELOPPEZ VOTRE INTELLIGENCE MOTIVATIONNELLE

Des scores équilibrés signifieraient en effet que vous utilisez bien tous les états motivationnels. D'autres questionnaires[1] permettent d'affiner cette analyse, et en particulier de savoir si vous les utilisez au bon moment, mais ces premiers résultats peuvent d'ores et déjà vous permettre d'identifier des pistes d'amélioration.

1. Consulter notre site www.antiprisedetete.com

Exercice – Développer son intelligence motivationnelle

Si un **score est plus élevé** dans un état, il est probable que vous êtes capable de vous adapter plus facilement à certaines situations qu'à d'autres.

1. Listez les situations que vous abordez dans cet état mental et évaluez en face de chaque situation si vous y êtes à l'aise ou non ?
2. Le cas échéant identifiez l'état mental qui serait plus adapté à ces situations mal vécues.
3. Et finalement préparez-vous à l'aborder sous ce dernier angle en utilisant la boussole du désir (page 20) ou celle des valeurs (page 21).

Si un **score est moins élevé**, il est possible que cela vous pose problème dans certaines situations.

1. Lesquelles ?
2. Comment pourriez-vous activer l'état mental en question plus souvent ?
3. Référez-vous si besoin au chapitre 1, pour vous remémorer ce que signifient chacun de ces états et compléter le tableau de diagnostic ci-dessous pour progresser.

Le diagnostic de vos états motivationnels

États	Situations	Correction (autre état)
Sérieux		
Enjoué		
Conforme		
Transgressif		
Maîtrise		
Sympathie		
Soi		
Autrui		

Lorsque vous vous prenez la tête, c'est que vous prenez conscience que vous n'êtes pas dans le bon état mental. Pour vous en sortir, vous avez le choix, celui que nous vous invitions à faire en début de livre et qui doit vous sembler d'autant plus important à présent.

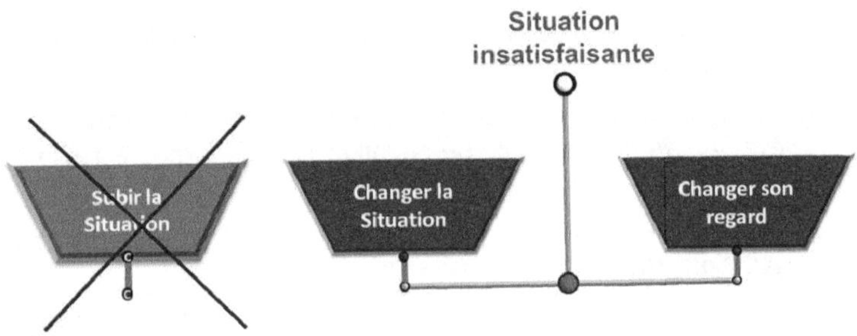

Refuser de subir

L'intelligence motivationnelle consiste donc à faire preuve d'adaptation en élargissant vos possibilités de choix, grâce au développement de votre flexibilité mentale.

Nous allons finalement mettre en évidence que cette intelligence motivationnelle peut devenir un style de vie, une dynamique sans cesse renouvelée, entretenue au fil des évènements qui émaillent votre vie.

9

LA PRISE DE TÊTE, C'EST SPORTIF !

Et la méthode Apter, olympique !

Une compétition c'est au bout du compte, une confrontation des désirs.

UN DES MEILLEURS TERRAINS D'ENTRAÎNEMENT à la pratique de l'anti-prise de tête est le sport. Mental et physique s'y conjuguent en effet en permanence, ce qui nous conduit assez naturellement à travailler notre mental. Et même à accepter de le faire plus que dans toute autre activité :

- « Je n'étais pas dans le match », vous entendrez-vous dire.
- « L'équipe n'avait pas le mental adapté », lirez-vous dans l'*Équipe*, justement.
- « Physiquement, j'étais prêt, mais mentalement, je n'étais pas disposé à affronter un tel niveau », etc.

Et la Théorie du Renversement intéresse le monde sportif puisque sa 16e conférence internationale[1] a été organisée en 2013 à l'Université de Reims par Fabien Legrand, maître de conférences dans l'unité de recherche en sciences et techniques des activités physiques et sportives, et qu'une première médaille olympique a été ramenée de Londres en 2012 grâce à la méthode Apter.

Parcourons donc les différentes façons de pratiquer un sport pour développer notre agilité mentale et notre dynamique motivationnelle. Apprenons à jouer sur les huit registres motivationnels et à nous mettre dans tous nos états grâce au sport.

Mais avant cela, commençons par découvrir un des sports les plus adaptés à travailler vos prises de têtes : le golf. Si vous êtes sujet aux prises de têtes, et ne connaissez pas ce sport, découvrez-le ici et tentez ensuite l'expérience. Si vous le pratiquez, vous trouverez dans les lignes qui suivent de précieux réconforts.

LE GOLF EST UNE AGRÉABLE PROMENADE GÂCHÉE PAR UNE PETITE BALLE BLANCHE[2]

Le golf est un jeu à part dans le monde des sports. C'est celui pour lequel le temps de jeu effectif est le plus court par rapport au temps de jeu global. Il devance même la pétanque. Un parcours se déroule en général sur l'herbe dans un site paysagé calme et reposant, émaillé d'ondulations, d'arbres, de plages de sable et de cours d'eau, fruits de l'imagination d'un architecte paysagiste. Il se décompose en quatre activités successives : choisir et

1. www.reversaltheory.net
2. Attribué à Mark Twain.

préparer le coup à jouer, jouer le coup, ranger son club et marcher jusqu'à l'endroit où est tombée la balle. Là, on recommence. Le golfeur – plus que la golfeuse – ajoute parfois une cinquième activité consistant à chercher la balle dans des herbes hautes, un bosquet d'arbres ou un buisson d'épineux, ou la repêcher dans une mare où caquètent des poules d'eau rebondies. Si on considère que la réalisation du geste d'un coup de golf dure environ 3 secondes, et qu'un joueur moyen joue 100 coups sur un parcours, le temps de jeu est donc de 5 minutes, quand le parcours prend 4 heures. Soit un rapport de 1 à 48 !

Dans la plupart des autres sports, l'état motivationnel Enjoué est adapté, car c'est celui où l'activation, l'intensité de la mobilisation du corps est vécue positivement. Au golf, cela semble utile pendant 2 % du temps. Et même pour ces 2 %, ce n'est pas sûr : la plupart des coups demandent une faible dépense d'énergie, et nous savons maintenant que la faible activation est vécue positivement dans l'état Sérieux, sous forme de sérénité ou de détachement.

La partie de golf : le théâtre de l'affrontement des états Sérieux et Enjoué

Sur le parcours, l'observateur curieux découvre très fréquemment chez les autres joueurs des expressions d'inquiétude dès que la balle a atterri hors de leur vue, ou d'agacement si elle n'effectue pas la trajectoire souhaitée, ce qui nous indique la présence de l'état Sérieux. Cet état se confirme si la balle est tombée dans les fameuses herbes hautes ou autres joyeusetés disséminées par l'architecte qui, de paysagiste, est soudain devenu pervers.

Effectivement l'état Sérieux, lorsque la difficulté augmente et l'activation avec, ne laisse guère le choix que de l'inquiétude ou de la colère. Entre les tensions musculaires qui finissent par détruire le putting et les énervements pouvant se transformer en rage – quand la balle ne part pas comme souhaité, le golfeur peut finir par lancer le club – l'état Sérieux ne semble pas le plus indiqué[1].

Alors Enjoué ?

Arthur, à côté de qui j'avais participé à une compétition où il n'avait pas trop bien figuré, me disait qu'il jouait ses meilleurs coups à 90 mètres du green.

– Alors que faites-vous quand vous êtes à 150 mètres ?

– Je prends un club long[2] et j'essaye d'atteindre le green.

– Et alors ?

– (Sourire) Au mieux, je me retrouve dans du sable et je galère.

– Vous n'auriez pas intérêt à faire un petit coup de 60 mètres pour jouer ensuite votre meilleur coup ?

Il m'a regardé d'un air scandalisé. Jouer un petit coup alors qu'il avait l'opportunité de tenter un coup long lui semblait totalement iconoclaste.

Qu'en conclure ?

Pour scorer au golf, il faut savoir renverser

J'en ai eu la confirmation en discutant avec l'entraîneur de mon club, un beau blond à classement impressionnant, à qui je demandais ce qu'était le mental au golf. « Lobotomie » m'a-t-il répondu avec un sens de la concision qui le caractérise parfois. Devant mon œil interrogateur, il a

1. Putting : partie du jeu consistant à faire rouler la balle sur le green, de préférence en la faisant tomber dans le trou, en se servant d'un club à face plate (le putter).

2. Au golf, chaque club permet de faire une certaine distance. Pour changer de distance, on change de club... enfin, normalement...

continué : « Oui, quand tu joues le coup, il ne faut penser à rien. » Puis se reprenant, il a ajouté : « En fait, il y a deux temps, l'un où tu es debout derrière la balle, sans bouger et tu évalues les obstacles, prends en compte le vent, décides où tu veux jouer, quel club tu veux jouer et comment tu veux le jouer ; si tu as fait un peu de sophro[1], tu visualises le coup ; et puis quand tu as décidé, tu vas te placer à côté de la balle pour jouer, et là, à partir du moment où tu t'es mis en marche, tu ne dois pas t'arrêter, parce que si tu restes sans bouger plus d'une seconde, des pensées te viennent et la moindre pensée perturbe ton coup. »

Ainsi, une bonne partie du jeu de golf se joue non pas dans le coup lui-même, mais dans l'analyse préalable de la situation de la balle, de l'environnement et du parcours, et dans le choix du coup à jouer. Vous serez d'accord avec moi que cette analyse préalable relève de notre état Sérieux, celui qui se préoccupe des conséquences.

« Stratégie prudente, swing hardi » écrit Bob Rotella, un des consultants en golf les plus recherchés des États-Unis, confirmant les propos de l'entraîneur. La prudence évoque l'état Sérieux, et la hardiesse évoque l'état Enjoué.

Une clé motivationnelle du coup de golf se trouve donc dans la répartition entre les 30 secondes qui précédent le coup joué – 50 minutes au total, soit 20 % du temps – et qui demandent l'état Sérieux, et la réalisation du coup (2 % du temps) qui a intérêt à se dérouler dans l'état Enjoué que ce soit pour bien vivre la hardiesse ou pour être totalement dans le présent.

Et dans le renversement entre les deux.

1. Sophrologie : technique de relaxation et de création d'une imagerie mentale positive.

Et qu'est-ce qui est adapté pendant les 78 % restants ?

La dépense physique globale ne semble pas la caractéristique principale du golf : parcourir 8 km en 4 heures en tapant 100 fois dans une petite balle, dont 36 fois en la poussant pour la faire rouler vers un trou n'apparaît pas comme une exigence physique démesurée. Alors comment se fait-il que beaucoup de joueurs ressentent de la fatigue au 14e trou ? Et terminent parfois « sur les rotules » même avec un handicap[1] très bas ?

> ***Sur les rotules ?***
>
> Une étude du psycho-physiologiste norvégien Sven Svebak a montré qu'une tâche effectuée dans l'état Sérieux produit plus de tension musculaire que la même tâche effectuée dans l'état Enjoué. Ceci entraîne que les gens se fatiguent beaucoup plus vite dans l'état Sérieux que dans l'état Enjoué et ont davantage de risques de se blesser.

Il ne me semble pas trop hasardeux d'en tirer la conclusion que ceux qui se fatiguent au golf ne renversent pas dans l'état Enjoué, ni pour jouer le coup, ni pour effectuer les marches vers leur balle. Vu sous l'angle de la Théorie du Renversement, c'est donc une question d'inadaptation de leurs états motivationnels aux situations qu'ils rencontrent. Rappelons-nous que si notre état mental est inadapté, il

1. Un parcours de golf est caractérisé par le nombre de coups qu'un golfeur est supposé jouer pour compléter les 18 trous, généralement autour de 72. Pour chaque trou, cette performance, qui est de 3, 4 ou 5 coups, est appelée le « par ». Le handicap représente le nombre de coups supplémentaires qu'un joueur a le droit de jouer en respectant son classement. Plus le handicap est bas, meilleur est le joueur.

ne peut pas être satisfait et génère une frustration, ce qui déclenche un stress de tension et souvent un stress d'effort.

Et, comme l'écrit le formateur Antoni Girod dans son excellent livre de préparation mentale[1] : « au golf, la faible dépense d'énergie pour réaliser un coup ne permet pas d'évacuer, par l'effort physique, le stress accumulé ». Tout l'enjeu du jeu mental au golf est donc de ne pas générer de stress du tout, soit – sous l'angle de notre Théorie – ne pas générer de frustration dans quelque état que ce soit, autrement dit de se trouver en permanence dans un état motivationnel adapté. Au golf, la flexibilité et l'intelligence motivationnelles sont essentielles.

Exercice – Retrouver les états motivationnels des golfeurs

1. Dany me confiait : « Je n'aime pas jouer le score ; vous savez : placer la balle à tel endroit pour préparer le coup suivant. Moi, ce qui m'amuse, c'est de tenter des coups difficiles. Je fais parfois des compétitions et évidemment je me fais eng... par mes équipiers, mais au fond cela m'est égal. J'ai bien pris des cours, mais tous les profs ont des points de vue différents. Cela a cassé mon jeu. J'ai préféré tout laisser tomber et revenir à ce que je faisais. »
2. Excellent joueur, Truong avait abandonné la compétition en équipe après un parcours tellement calamiteux qu'il avait eu honte de jouer. Quand je l'ai rencontré, il revenait sur un golf 10 ans après et préférait jouer seul, calme et méticuleux, retrouvant – sans pression – le plaisir de poser la balle là où il l'avait décidé.
3. Michèle ne laisse rien au hasard. Au golf, chaque détail compte, et son rituel de préparation est immuable. C'est à cela qu'elle attribue son bon niveau actuel.
4. Achille a aussi laissé tomber la compétition, mais c'était après avoir cassé 3 clubs. Ne se supportant pas dans cet état de rage, il fait maintenant un parcours de temps en temps en cherchant surtout à réussir quelques beaux coups.

1. Antoni Girod – *Golf, préparation mentale*, @mphora 2002.

5. Stéphane ne va jamais au practice et s'échauffe peu. Peu intéressé par les compétitions, il adore frapper de grands coups longs et préfère jouer la bière sur le score du parcours. Questionné, il a reconnu qu'il avait le même handicap depuis 3 ans.
6. Hélène s'est mise au golf pour suivre son mari. Elle aime le calme des paysages et préfère faire des parcours à quatre avec des amis, finissant rarement les 18 trous.

Vous avez trouvé ?

Je vous suggère Enjoué-Transgressif pour Dany, Maîtrise-Autrui puis Sérieux-Conforme pour Truong, Maîtrise-Conforme pour Michèle, Sérieux-Transgressif puis Maîtrise-Soi pour Achille, Enjoué-Sympathie pour Stéphane, Sympathie pour Hélène.

Le golf en parcours libre offre de grandes opportunités pour satisfaire tous les états motivationnels. Et comme un parcours dure 4 heures, il y a des chances qu'ils viennent tous plus ou moins toquer à la porte, révélant notre dynamique motivationnelle.

Anti-prise de tête : une question de dynamique

Cela peut paraître élémentaire, mais l'éclairage de la Théorie du Renversement montre à quel point le golf est un sport paradoxal, finalement assez révélateur de notre dynamique :

- la complexité du geste vient confronter vos désirs de contrôle (Maîtrise) ;
- la variété des manières de compter les points et de décider du résultat vient confronter vos désirs de gagner (Maîtrise Soi) ;
- le fait que ce soit un sport à handicap et que l'on peut donc être amené à jouer en même temps que des joueurs beaucoup mieux ou beaucoup moins bien classés vient confronter vos désirs de l'emporter sur l'autre (Soi) ;

- la brièveté d'un coup et la longueur du parcours viennent confronter de façon contradictoire vos désirs de vous dépenser (Enjoué) ;
- les obstacles du parcours viennent confronter vos désirs d'éviter les risques (Sérieux) ;
- la manière même d'attribuer les handicaps qui fait que l'on peut se prendre à jouer en permanence contre sa meilleure réalisation vient confronter vos désirs de progression (Sérieux et Soi)...

Dans ce cadre, la moindre incohérence entre les désirs de nos différents états motivationnels surgit comme une frustration que le jeu lui-même n'est pas en mesure d'évacuer. La solution est de développer et entraîner une **dynamique motivationnelle** propre à éviter les frustrations.

Cela consiste à être prêt en permanence à changer d'état mental. Au golf comme dans tous les sports. Et comme dans la vie en général d'ailleurs, dès que l'on parle de performance ou dès qu'il s'agit d'être en compétition.

JOUEZ (ET METTEZ-VOUS) DANS TOUS LES ÉTATS

Or nous vivons dans un monde où, en effet, la mondialisation, les nouvelles technologies de l'information, l'Internet font que tout devient immédiat et donc urgent, tout devient performance ou compétition. Nous devons donc faire preuve d'une plus grande capacité d'adaptation et acquérir cette dynamique motivationnelle qui consiste à jouer sur des registres différents en permanence.

N'en déplaise à notre cher vieux Winston (Churchill, le vieux lion) et à sa devise « *No sport* » », nous préférons celle d'Aimé Jacquet : « le sport est école de la vie ».

Un souci en compétition ?

Demandez donc au pratiquant d'un sport si la compétition lui pose des problèmes ; avec un peu d'empathie, vous obtiendrez aisément des réponses. Celui-là a du mal à entrer dans le match quand il joue contre quelqu'un qu'il connaît, un autre se crispe sur les points importants, celle-ci s'énerve si le jeu de l'adversaire ne lui convient pas, ou perd sa concentration quand elle mène au score, et le dernier se met soudain à tenter, sans raison apparente, des coups difficiles et risqués.

Mauvaise humeur

Au-delà des techniques mentales qui renforcent les ressources des différents états mentaux, la Théorie du Renversement éclaire d'un jour nouveau la dynamique de ces états.

Faisons un tour de chacune de ces façons de jouer avec nos états mentaux dans la pratique sportive et examinons leurs avantages et leurs inconvénients afin de vous permettre le cas échéant de vous entraîner à développer votre agilité et donc votre intelligence motivationnelle. Avant de commencer votre lecture, remémorez-vous les scores obtenus dans le quiz que vous avez rempli dans le chapitre précédent. Vous retrouverez en effet sans doute des comparaisons utiles à faire.

Jouer dans l'état Sérieux – *Encore un petit effort*

L'état motivationnel Sérieux est fondamentalement utile pour envisager les conséquences d'une compétition et vous indiquera ce qu'il faut mettre en place pour créer un cadre protecteur efficient. Vous aimez anticiper et cela vous permet probablement de vous préparer de façon soigneuse et détaillée. Si vous pratiquez souvent dans cet état, vous aimez sans doute les sports d'endurance. C'est cet état motivationnel qui vous pousse à réaliser des matchs ou des parcours d'entraînement. Vous aimez progresser et il contribue à fixer votre ambition.

En revanche, avant la compétition, cet état risque de vous amener à faire des hypothèses sur le résultat, ce qui vous créera des tensions au cours de la rencontre si les choses ne progressent pas comme espéré. En cours de rencontre, à cause de votre attention portée sur les conséquences du score, vous risquez de vous crisper s'il est défavorable, ou de vous croire arrivé et d'arrêter de jouer s'il est favorable. (Dans l'état Sérieux, on cherche et apprécie une intensité basse.)

La meilleure contribution de cet état est votre persévérance, votre plaisir à vous entraîner, votre capacité à rester focalisé sur votre but, même en cas de difficultés, votre capacité à attendre et saisir votre chance. Pour utiliser efficacement vos désirs d'ordre Sérieux dans le cours d'une rencontre ou en compétition, utilisez les temps morts pour ajuster votre stratégie ou votre tactique, et fixez-vous des objectifs d'action à court terme qui favorisent sa coopération avec votre état Enjoué. Et élaborez des tactiques, mais ça vous le faites probablement déjà.

Jouer dans l'état Enjoué – *Ici, maintenant, à fond*

L'état motivationnel Enjoué est fondamentalement utile pour jouer, matcher, se dépenser, profiter du sport que l'on aime, ne pas se prendre au sérieux. Si vous pratiquez souvent dans cet état, vous aimez sans doute les sports explosifs.

Lorsque vous êtes dans l'état Enjoué, vous savez probablement bien tirer parti de ce qui se passe et vous arranger pour passer un bon moment. Dans ces moments, le score et le résultat vous servent à mobiliser votre énergie, mais les conséquences ne vous touchent pas. Si vous jouez au tennis, vous aimez surprendre votre adversaire, comme Gaël Monfils. Vous préférez jouer avec du public. Au football, il y a du Ribéry en vous.

En revanche, un excès d'état Enjoué peut vous amener à prendre des risques inutiles pour augmenter l'intensité de votre expérience, ou à jouer avec un peu de désinvolture ; au tennis vous pouvez jouer très avancé dans le terrain. À l'inverse, il peut vous amener à vous démobiliser si le jeu est trop lent pour vous, à vous déconcentrer par ennui ou à vous mettre à « bougonner » si l'état Transgressif s'en mêle. Vous pouvez également vous mettre à faire les coups que vous aimez plutôt que ceux qui permettent de marquer. Dans les choix tactiques, il risque de vous inciter à « essayer de nouvelles choses ».

Pour utiliser efficacement vos désirs d'ordre Enjoué, identifiez votre intensité préférée, puis élargissez votre zone de confort en prenant plaisir à jouer avec des intensités différentes. Assurez-vous aussi de la coopération de ces désirs avec ceux de l'état Sérieux – voir ci-dessus – et avec l'état Maîtrise. Ce sont eux qui sont capables de créer le cadre protecteur dans lequel vous pouvez exprimer votre passion[1]. Et quelle que soit l'issue du match, quittez le terrain de jeu sans regrets.

Jouer dans l'état Maîtrise – *Seule la victoire est belle*

Dans cet état, vous vous sentez un compétiteur, vous aimez relever les défis, gagner, faire preuve de vos capacités, contrôler le jeu, dominer les débats. Apparemment, vous êtes bien placé pour viser la victoire. Vous considérez que, dans le sport, il s'agit de l'emporter ou de vous confronter à vous-même.

Mais un désir de trop contrôler peut vous amener à retenir vos coups. En cas d'opposition trop forte, vous pouvez « craquer » voire « balancer le match » ou abandonner. La meilleure contribution de cet état à votre sport est votre détermination à surmonter les difficultés et votre capacité d'initiative.

Pour utiliser efficacement vos désirs de Maîtrise, considérez que, si un match est trop déséquilibré, c'est peut-être que votre adversaire vous propose un jeu que vous ne connaissez pas encore. Jouez jusqu'au bout. Vous pouvez en profiter pour apprendre quelque chose[2].

Et que penseriez-vous de maîtriser votre dynamique motivationnelle ? Vous avez certainement investi dans votre pratique pour disposer des armes qui vous permettent d'y croire. Ne seriez-vous pas aussi fier de gérer vos

1. Le cadre protecteur d'assurance est la base de la confiance en soi.

2. Selon les termes de la Théorie du Renversement, vous passez du cadre protecteur « d'assurance » au cadre protecteur « de zone de sécurité ». Mentalement, cela revient à vous rappeler que vous aurez d'autres matchs à jouer dans votre « carrière ».

émotions ? Votre concentration ? Votre confiance ? Pour les mettre au service de votre réussite…

Jouer dans l'état Sympathie – *Ce n'est qu'un jeu*

Cet état fait de vous un sportif agréable à fréquenter, et vous profitez sans doute de l'avant et de l'après-match pour faire connaissance avec votre adversaire. Vous n'hésitez pas à remettre un point litigieux. D'ailleurs vous préférez parler de rencontre que de compétition. Vous êtes bon perdant quand cela arrive. Vous incarnez le fair-play. Vous aimez peut-être particulièrement les sports qui favorisent le contact comme la randonnée ou la pétanque.

En débutant une rencontre dans cet état, vous risquez d'oublier que c'est un match que vous disputez, y entrer tardivement ou privilégier les échanges sur le fait de gagner. En cours de rencontre, vous pouvez glisser dans de l'auto-indulgence, une tendance à vous satisfaire de ce que vous avez. À l'entraînement, vous risquez de trop vous écouter et vous arrêter quand « ça commence à chauffer ».

Vous pouvez aussi manquer de ressort face à un adversaire sans chaleur, refuser le combat, ou personnaliser le match, en vouloir à votre adversaire (ou à votre matériel, à la météo, au public, à l'arbitre) et vous en plaindre ostensiblement si votre jeu ne peut pas s'exprimer.

La meilleure contribution de cet état à votre sport est que vous ne perdiez pas de vue que c'est un sport. Pour utiliser efficacement vos désirs d'ordre Sympathie dans le cours d'une rencontre ou une compétition, faites la part des choses entre le temps de match et le reste du temps[1].

---

1. John H. Kerr, dans son ouvrage *Counselling athletes*, rapporte le cas de Sarah, une sportive de haut niveau qui « ne s'aimait pas trop quand elle

Comme le dit Rafaël Nadal avant ses matchs contre des joueurs qu'il apprécie : « Quoiqu'il arrive, nous resterons amis ».

Jouer dans l'état Conforme – *La régularité paye*

Être dans l'état Conforme vous a permis de mettre au point et entraîner des techniques, des tactiques et des plans de jeu éprouvés. Vous êtes alors régulier. Vous respectez les règles. Au golf, vous connaissez l'étiquette[1] et vous relevez les pitchs[2] sur les greens. Vous cherchez le beau geste. Vous aimez être à l'heure. Vous avez mis au point des routines efficaces. Vous tenez à votre niveau. Vous aimez peut-être particulièrement les sports de précision du geste comme le golf ou le tir.

En parties ou rencontres amicales, vous pouvez être pénible sur le respect des règles. Vous n'aimez pas trop les petits arrangements, comme prendre un Mulligan[3] au golf ou « première des quatre » au tennis.

En match, vous risquez de vous cantonner à un jeu stéréotypé qui finit par devenir lisible et prévisible, et de ne pas savoir réagir à un type de jeu inhabituel pour vous. Vous pouvez croire que des scénarios se répètent, que si vous gagnez vous allez encore gagner, si vous perdez vous allez encore perdre. Vous risquez de chercher à faire un

gagnait ». Après coaching, elle a trouvé son équilibre en s'engageant aussi dans la promotion de son sport, puis dans des ONG.

1. Étiquette : code d'éthique du joueur de golf.
2. Pitch : petit trou laissé par une balle en retombant sur le green.
3. En partie amicale, le Mulligan consiste à s'autoriser – une fois par parcours – à rejouer sans pénalité une balle au départ d'un trou si on l'a ratée.

bon match, plutôt que de prendre votre chance contre un adversaire mieux classé.

Si vous dépassez vos performances habituelles, vous pouvez avoir du mal à persévérer dans l'action et revenir à vos standards, quitte à perdre le bénéfice de la surperformance – par exemple en jouant défensif en seconde mi-temps ou au contraire en vous mettant à taper fort sur le retour au golf. La meilleure contribution de cet état à votre sport est votre régularité. En sport collectif, vous êtes généralement d'accord et vous savez respecter la tactique de l'équipe.

Pour utiliser efficacement vos désirs d'ordre Conforme dans le cours d'une rencontre ou une compétition, entraînez-vous à plusieurs styles de jeu auxquels vous pourrez faire appel. Cela développera votre capacité d'analyse de l'instant pour choisir le meilleur. Développez aussi des rituels qui vous facilitent le retour aux états adaptés (Maîtrise-Enjoué) comme les champions de tennis qui s'essuient le visage après chaque point.

Jouer dans l'état Transgressif – *Il n'y a aucune raison…*

Dans cet état, la liberté est votre maître mot. Vous préférez faire les choses à votre manière. Vous savez adapter votre jeu quand les circonstances l'exigent. Vous ne considérez ni les attentes ni les conseils des autres. Les règles, les routines, les plans vous contraignent, même parfois les vôtres. Vous tentez de négocier avec les arbitres.

En cours de partie, quand cela ne se passe pas comme vous le souhaitez, vous pouvez devenir ronchon ou colérique. Il vous est arrivé de briser un arc, casser une raquette ou jeter un club. Au tennis, il y a du McEnroe ou du Gulbis en vous.

La meilleure contribution de cet état à votre sport est votre capacité à vous révolter. Vous êtes dangereux dos au mur. Dans les sports collectifs, vous savez user de la voix et du geste pour remobiliser les autres ; en football, c'est vous « l'aboyeur ».

Pour utiliser efficacement vos désirs d'ordre Transgressif dans le cours d'une rencontre ou une compétition, sachez casser la dynamique adverse lorsque vous êtes dominé. Mettez dans votre pratique des coups inattendus pour faire basculer un match équilibré[1].

Jouer dans l'état Orienté-pour-Autrui – *Un pour tous, tous pour un*

L'état Autrui vous permet de vous investir dans une équipe, de vous nourrir des performances des champions, peut-être de participer à la bonne marche du club ou au développement de votre sport. Vous aimez probablement les sports d'équipe et les compétitions individuelles par équipe ; vous pouvez avoir le « sens du sacrifice » cher à certains entraîneurs de football. En tennis vous connaissez bien le double. Vous savez aussi vous mobiliser pour faire plaisir à la petite blonde du deuxième rang, à votre professeur, ou à votre fils qui a fait le déplacement.

En cas de doute, cet état risque de vous faire vous préoccuper négativement de ce que pensent les autres (connaissances, spectateurs, équipiers) ou de vous pousser à jouer dans le style de votre adversaire – ou de votre partenaire – plutôt que de développer le jeu qui sert vos intérêts. Vous pouvez être troublé par les démonstrations

1. Luis Fernandez – *La pression.*

émotionnelles des autres, leurs coups de colère, ou leurs apparentes difficultés physiques.

En sport collectif, ou au tennis en double, vous risquez de trop compter sur les autres alors que ce serait à vous de prendre l'initiative.

La meilleure contribution de cet état à votre sport est votre capacité à jouer en équipe, à encourager. Le coaching vous intéresse. Vous êtes sans doute un très bon entraîneur, préoccupé que vous êtes de faire bien jouer votre partenaire. Pour utiliser efficacement vos désirs de l'état Orienté-pour-Autrui dans le cours d'une rencontre ou une compétition, rappelez-vous qu'en sport individuel, ce que pensent les autres, si tant est qu'ils pensent quelque chose de votre jeu, n'a aucune importance pratique sur le fait que vous jouiez et que vous gagniez, à moins que vous ne le décidiez. Servez-vous de votre capacité à percevoir l'état de l'adversaire pour ajuster votre tactique. Il faut savoir enfoncer le clou.

Jouer dans l'état Orienté-pour-Soi – *Et moi, et moi, émoi*

Dans cet état, vous savez parfaitement qui vous êtes, en quoi vous êtes différent des autres. Vous savez aussi ce que vous voulez et vous n'hésitez pas à dire et faire ce qu'il faut pour l'obtenir, à revendiquer vos droits. Dans un sport collectif, vous prenez vos responsabilités, vous souhaitez que votre rôle soit clair.

Vous croyez dur comme fer à votre propre point de vue. Vous pouvez aussi aimer être le centre des regards, faire le show, vous assurer qu'on fait attention à vous, en particulier quand vous dominez, en individuel comme en équipe.

Vous pouvez perdre de vue que votre adversaire/partenaire est *aussi* une personne.

En sport collectif, vous pouvez avoir du mal à vous dire solidaire, à reconnaître et encourager les contributions de vos partenaires. Si votre équipe est dominée, vous pouvez être tenté de jouer les sauveurs en prenant tout le match à votre compte. En cas de divergence (problème d'arbitrage, par exemple), vous pouvez avoir du mal à lâcher prise pour prendre en compte le point de vue de l'autre s'il vous est défavorable. Vous risquez aussi de tomber dans la complaisance.

La meilleure contribution de cet état à votre sport est votre capacité à vous engager pour un résultat – qui vous convient. Pour utiliser efficacement vos désirs de l'état Orienté-pour-Soi, rappelez-vous simplement que votre valeur est aussi définie par celle de vos adversaires, et en équipe par vos partenaires.

LA DYNAMIQUE MOTIVATIONNELLE : UNE QUESTION D'ANTICIPATION

La Théorie du Renversement fait apparaître que le bien-être (et avec lui, la performance) vient du fait que votre état motivationnel est adapté à la situation.

La notion d'adaptation à la situation est très personnelle, puisqu'elle dépend de la perception que vous avez de la situation, mais aussi de l'intensité relative de vos désirs : gagner ou gagner vite, jouer intensément ou dans le calme, jouer régulier ou en variant, concourir pour vous ou pour votre public, etc. Mais vous disposez maintenant des éléments de base pour adapter vos motivations à vos situations sportives.

Les deux tableaux qui suivent devraient vous permettre de mettre au point des *jingles* pour faciliter vos reversements.

Les facilitateurs orientés vers l'action

État à activer	Sérieux	Enjoué	Conforme	Transgressif
Mantra	On se calme ! C'est quoi l'objectif ? Comment je m'y prends ? Où on va ?!	Maintenant ! Joue ! Allez ! Profite !	C'est bien ! Je suis mon plan. Je reviens aux fondamentaux. Je joue mon jeu.	Non ! No pasaran !* Pas question ! Pas de règle ! On va voir ce qu'on va voir !
Gestuelle	Se poser, s'arrêter. Ralentir le rythme. Bloquer sa respiration. Prendre physiquement du recul.	Bouger. Se rapprocher. Accélérer le rythme. Amplifier sa respiration. Demander le soutien du public.	Opiner, faire oui avec la tête. Remettre en place, ranger. Faire ses rituels.	Faire non avec la tête.
Émotion**	Calme ou distancié(e)	Plaisir ou espièglerie	Tranquille	Colère
Mes déclencheurs (*jingles*)				

* Cri de ralliement des Républicains pendant la guerre d'Espagne.
** Les émotions ne sont pas des « déclencheurs » à proprement parler, puisqu'elles sont les conséquences des états dans lesquels nous sommes. Cependant penser à l'émotion recherchée peut nous aider à changer d'état.

L'importance de rendre concret

Cependant, la Théorie nous dit que les renversements se produisent en cas de changement de la situation. La

Les facilitateurs orientés vers les interactions

État à activer	Maîtrise		Sympathie	
	Soi	Autrui	Soi	Autrui
Mantra	C'est moi le patron ! C'est mon tour. Je peux le faire.	Compte avec eux/elles ! C'est pour l'équipe.	Et moi alors ! Où j'en suis ?	Qu'est-ce qui lui arrive ? Quel est son point de vue ? Je me mets à sa/leur place. Je lui/leur fais plaisir.
Gestuelle	Serrer le poing. Se frapper une partie du corps, (comme taper sur sa cuisse). Inspiration lente, expiration courte. Se redresser, se camper sur le sol. Ceinturer les abdominaux. Accompagner le geste avec un « han » bref de bûcheron.		Se détendre. Relâcher les épaules. Respiration abdominale ample. Sourire intérieur et extérieur. Accompagner le geste avec une expiration longue. Rythme ralenti.	
Émotion	Fierté Force En contrôle	Vertu Contribution Mentor	Gratitude S'apprécier Se sentir apprécié	Bienveillant Attentif Fraternel
Mes déclencheurs (*jingles*)				

conséquence en est que, pour faciliter un renversement, il vaut mieux que vos *jingles* ou vos images mentales soient concrétisés par des objets à regarder, des gestes à effectuer ou des phrases écrites à relire. À Roland-Garros, qu'elle a remporté en 2013, Serena Williams relisait à chaque changement de côté un petit papier sur lequel elle avait écrit des phrases qui comptaient pour elle.

Personnellement, j'ai toujours dans mon sac de golf le petit livre de Helen Exley[1] qui m'aide à prendre de la distance et retrouver de l'humour quand la frustration pointe son nez.

LE COIN DES PROS : LA MÉTHODE APTER AUX JEUX OLYMPIQUES

Site du *Parisien*, 20 août 2012

Delphine Racinet-Réau, telle « le phénix qui renaît de ses cendres », a enlevé à 38 ans une médaille de bronze samedi au tir en fosse olympique aux Jeux de Londres, en forme de cadeau de retraite, douze ans après sa médaille d'argent de Sydney. (...) « J'en avais besoin de cette médaille pour me prouver à moi-même que tous les changements que j'ai faits ont été les bons », a souligné Delphine Racinet-Réau. (...)

Malgré un palmarès impressionnant

Depuis 1997, Delphine Racinet-Réau a été 9 fois championne de France de tir en fosse. Elle a enlevé 3 médailles aux championnats du monde et 7 aux championnats d'Europe, en individuel et par équipe, et 4 dont 3 d'or en coupe du monde.

Après une médaille d'argent en 2000 à Sydney, elle n'est pas retenue pour Athènes en 2004 et « passe à travers ses jeux » de Pékin en 2008. Elle décide alors de se faire accompagner par Pascal Auger[2], préparateur physique et

1. Helen Exley - *Golf ce n'est qu'un jeu*, Exley Eds, 2005
2. p.auger@partenaire-performance.fr.

coach mental certifié en Théorie du Renversement et en méthode Apter.

Le témoignage de Delphine

Au moment où j'ai rencontré Pascal, mon coach, j'étais en pleine période de doute et j'avais du mal à croire en moi et en mes objectifs. Avec son aide, j'ai retrouvé la confiance, élément essentiel pour revenir sur le chemin de la performance sportive. Grâce à la méthode Apter qu'il m'a proposée, j'ai redécouvert des notions comme le plaisir, l'acceptation de situations sur lesquelles je n'ai aucune prise, vivre l'instant présent, se fixer des objectifs et s'y tenir. J'ai également appris à bien distinguer tous mes domaines de vie (famille, sport, travail) et à ne pas tout mélanger.

Pour la préparation des JO de Londres, cette méthode m'a permis de revenir à l'essentiel et de répondre à des questions comme : Pourquoi pratiques-tu ce sport ? Quel est ton véritable objectif ? Qu'est-ce qui t'empêche de réussir ? Quel est ton véritable ennemi... ? J'ai ainsi pu me mettre au service de mon objectif tout en retrouvant une motivation sans faille, une confiance en moi à toute épreuve et redécouvrir le plaisir de ce sport que je pratique depuis plus de 20 ans.

Notre travail hebdomadaire m'a aidé à identifier l'élément majeur qui m'empêchait d'atteindre le plus haut niveau, c'était moi-même et mes propres peurs. Notre réussite aux JO de Londres en 2012 n'est donc pas le fait du hasard mais le résultat d'un travail qui s'est appuyé sur la méthode Apter.

Le point de vue de son coach, Pascal Auger

Face aux JO de Londres, Delphine craignait un nouvel échec et pensait que son âge, son emploi à quasi plein temps, le rôle de son entraîneur, étaient des handicaps par rapport à ses jeunes rivales de l'équipe de France. Elle craignait en outre de décevoir ses supporters.

Identifier les états motivationnels

L'échec de Pékin avait focalisé Delphine sur le passé, dans un état « *Sérieux Conforme* » qui ravivait les mauvais souvenirs de n'avoir pas été qualifiée aux JO d'Athènes après avoir qualifié son pays. Elle passait beaucoup de temps sur cet échec, et ruminait le passé dans l'état « *Sympathie Soi* » focalisé sur la perte.

Son sentiment de handicap face à ses rivales déclenchait un état d'esprit *« Sérieux Transgressif »,* et renforçait l'état *« Sympathie Soi »,* créant un rôle de victime, en désaccord avec ce qu'il fallait faire pour se préparer.

Enfin, la peur de ne pas se qualifier pour les JO et de décevoir les supporters ayant déjà acheté leur billet provenait de son état *« Sérieux Conforme »* et créait un sentiment de culpabilité anticipé en " »*Sympathie Autrui* ».

La méthode Apter a ainsi permis de mettre en évidence que deux états dominants « *Sérieux et Sympathie » étaient* peu adaptés au projet, limitant la concentration sur l'objectif des JO et la mise en action pour se préparer. Grâce à cette analyse motivationnelle, nous en avons conclu qu'il fallait se reconcentrer sur l'essentiel : les JO. Et renverser en *« Maîtrise Soi »* et *« Enjoué Conforme »* afin de se remettre dans une préparation au service de l'objectif et de sortir de l'état de victime dans lequel elle se trouvait.

Comprendre les états par les émotions

Ce qui a permis à Delphine de comprendre ses différents états motivationnels, ce sont les émotions qu'ils génèrent et que traduit si bien la Théorie du Renversement.

Ainsi, la peur et le doute *(Sérieux Conforme)* lui ont permis de comprendre qu'elle était en dehors du présent et qu'elle ne pouvait se concentrer dans l'instant sur sa préparation.

La colère *(Sérieux Transgressif)* et le ressentiment (*Sympathie Soi)* lui ont fait admettre qu'elle dépensait beaucoup d'énergie inutilement à résister à une réalité et générait une grosse fatigue, un mal-être limitant l'optimisation de son potentiel et de son épanouissement.

Enfin, le sentiment de mal-être et de culpabilité vis-à-vis de ses supporters (*Sympathie Autrui),* lui ont fait prendre conscience qu'elle n'était pas centrée sur l'essentiel et que cela pouvait lui être fatal : cette culpabilité pouvait priver ses supporters du plaisir de la voir titrée aux JO.

Grâce à l'identification de ces interférences émotionnelles, nous avons pu appliquer l'équation de la performance :

Performance = Potentiel – Interférence

Nous avons travaillé sur ces émotions limitantes pour réduire les interférences, recréer du plaisir, de l'envie et retrouver son potentiel. Ce travail d'élimination lui a permis d'apprendre à renverser plus facilement dans l'état « *Enjoué Conforme* ».

Un ancrage au présent

Pour ancrer cet état, nous avons travaillé sur le ressenti du fusil, la position des pieds sur le sol, restant ainsi dans le présent concentré sur l'essentiel. La conséquence est que Delphine a retrouvé également l'envie de gagner de l'état « *Maîtrise* ».

Épilogue

FALLAIT-IL VOUS DIRE CELA PLUS TÔT ?

VOUS QUI TENEZ CET INNOCENT ouvrage entre les mains, oui vous qui lisez ces lignes qui défilent, apparemment inoffensives sous vos yeux... Méfiez-vous ! Entrer dans le monde d'Apter n'est pas un acte sans conséquences... D'aucuns vous diront que cela fait le même effet qu'entrer dans celui du *Seigneur des Anneaux* ou de *Dune* ou encore celui d'*Harry Potter* ou des *Illusions Perdues* (chacun ses drogues) : une fois « accroché », vous ne pourrez plus vous arrêter. Au début, il a fallu faire des efforts pour découvrir de nouvelles choses, retenir des noms bizarres... « *Octopolaire* » vous avez dit ?

Pourtant, il y a plus grave.

Si par malheur (pour vos prises de tête), vous avez persévéré et êtes allé plus loin, si vous vous êtes familiarisé avec les rouages de la méthode Apter (il est trop tard pour vous dire ne pas le faire), vous êtes maintenant perdus à la cause des gens normaux... Vous ne verrez plus jamais la vie comme avant. Par exemple, vous êtes désormais incapable de dire ou de penser que vous n'avez « pas le choix ». Vous savez que le bonheur ne dépend que de vous. Vous ne pourrez plus jamais vous réfugier derrière de fallacieuses excuses pour vous faire plaindre...

Bref nous ne pouvons que vous conseiller de bien réfléchir avant de vous y convertir complètement. Avec un peu de chance, si vous n'avez pas déjà mordu le livre (il paraît que certains lecteurs l'ont fait...), votre libraire vous le reprendra peut-être ? Vous pourriez aussi faire semblant de ne l'avoir pas lu. Ou mieux, faire croire que vous l'avez lu. Le laisser ostensiblement aux toilettes après l'avoir écorné et souligné quelques passages au hasard ?

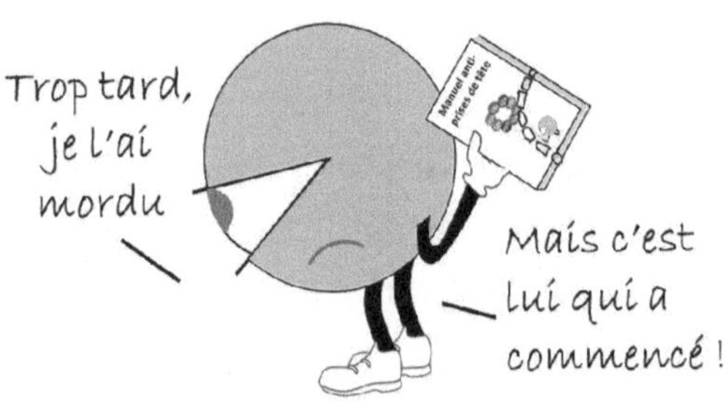

Pourquoi voudriez-vous adopter cette façon de vivre ?

Dans le Monde d'Apter au lieu de dire simplement : « *Parce que les lignes précédentes étaient en soi engageantes et ont éveillé ma curiosité* », on vous a doctement expliqué que non, ce n'est pas le texte qui était intéressant, en soi, mais que c'était vous, et l'état d'esprit auquel vous vous êtes laissé aller qui vous a poussé à continuer...

Dans le Monde d'Apter, on vous l'a dit avec des mots exotiques : vous avez « activé l'état mental transgressif » lorsque vous avez décidé d'en devenir membre malgré nos avertissements !

Dans le Monde d'Apter, on vous a expliqué que ce que l'on appelle simplement (et vulgairement bien sûr) « l'esprit de contradiction » est un « état interne activé » qui agit comme un « filtre de perception de la réalité » et nous conduit à penser et agir en opposition. Mais que l'instant suivant, on peut « renverser dans l'état mental Conforme » et percevoir la même réalité de façon totalement différente... Comme si l'on pouvait aussi bien avoir l'esprit de contradiction que celui de soumission !

Sincèrement, vous trouvez cela raisonnable ?

Dans le Monde d'Apter, on a même fini par vous convaincre que :

- ce ne sont pas les choses qui sont énervantes, mais plutôt que c'est lorsque vous êtes énervé que les choses le paraissent ;
- ce que ce n'est pas ce que vous faites qui est intéressant ou stressant mais l'état d'esprit (non pardon : « l'état mental ») que vous adoptez qui les rendent telles ;
- et même que vous pouvez cesser de vous énerver pour un rien en changeant d'état d'esprit !

Allez, soyez raisonnable et laissez tomber.

Rangez ce livre et payez-vous le dernier *Gala*, cela sera plus marrant.

Non ? Et si vous revendiez ce livre sur Internet ? Ne dites cependant pas à notre éditrice que c'est nous qui vous en avons donné l'idée, elle nous en voudrait.

Adam culpabilise

J'ai trouvé ! Offrez-le à un « ami » : celui qui vous a offert le dernier PPDA à Noël ?

Non ? Vous êtes du genre à croquer la pomme de la connaissance ?

Bon. Tant pis pour vous. On vous aura prévenu.

Postface de Michael Apter

IL EST TOUJOURS POSSIBLE DE FAIRE QUELQUE CHOSE D'AUTRE

Le film Gravity raconte la tentative d'une astronaute, unique survivante d'une station spatiale naufragée, pour rentrer sur Terre. À un moment, au bord du désespoir, elle a la vision d'un des astronautes décédés lui disant : « On peut toujours faire quelque chose d'autre ». Et dans l'histoire du film, il se trouve que c'est le cas. C'est un des principaux thèmes de ce livre.

Nous avons tous des problèmes, même s'ils ne sont pas aussi graves que ceux d'une astronaute se battant pour sa survie.

Nous ne sommes pas à court d'oxygène, coupé des communications avec la Terre, ou face à un incendie – même si nos vies ressemblent parfois à ça.

Mais nous vivons tous des frustrations et des retards, des conflits et des prises de tête, des problèmes et des échecs, des déceptions et des incompréhensions. Face à ce genre de problèmes, ce livre nous dit qu'on peut toujours faire quelque chose, essayer d'autres choses.

Nous ne sommes pas obligés de rester coincé. Nous pouvons changer nos suppositions, changer de tactique, changer d'outil, améliorer nos compétences, demander de l'aide. Plus encore, nous pouvons changer nos motivations et les perspectives qui vont avec.

Au cœur de ce livre se trouve notre motivation, l'aspect le plus fondamental de notre personnalité. C'est elle qui nous conduit à voir le monde sous certains angles et agir de certaines manières, angles et manières qui vous sont dévoilés.

Si nous pouvons contrôler notre propre motivation, cela nous donne à la fois le pouvoir de régler les problèmes que la vie nous propose, et aussi une manière de nous épanouir davantage et d'apporter plus aux autres.

Ce livre vous montre que nos motivations suivent un modèle. Mais ce n'est pas un modèle statique – c'est un modèle de changement qui sous-tend nos personnalités.

Comprendre ce modèle nous permet de l'utiliser afin de nous aider dans des situations difficiles, de nous guider, de nous adapter à ce que les différentes situations ont à nous offrir, voire même d'identifier ce qui manque dans nos vies. Si nous ne le comprenons pas, nous risquons de répéter les mêmes erreurs, d'être incapables de rompre avec nos comportements contreproductifs et de vivre des vies limitées en qualité émotionnelle.

Nos manières possibles de réagir aux problèmes ne sont pas infinies, mais elles sont considérablement plus variées que ce que nous pensons habituellement qu'elles sont. Nous pouvons savoir quelles sont les différentes possibilités qui s'offrent à nous et comment les mettre en œuvre dans les situations dans lesquelles nous nous trouvons, ou que nous créons.

Et si nous sommes conscients de nos désirs, de nos principaux besoins psychologiques, nous serons incités à en satisfaire le plus possible.

J'aimerais féliciter Christophe Lunacek et Jean Rambaud pour ce livre, aussi utile que divertissant, et qui veut rendre accessible au plus grand nombre, des idées plutôt complexes. Ainsi, ils saisissent bien l'essence de la théorie du renversement – la théorie qui sous-tend les idées et techniques décrites ici – et l'accent qu'elle met sur le changement.

Après avoir lu ce livre inspirant, je crois que vous serez capable de dire : « La vie est à nouveau pleine de possibilités. Je veux être tout ce que je peux être. »

Remerciements

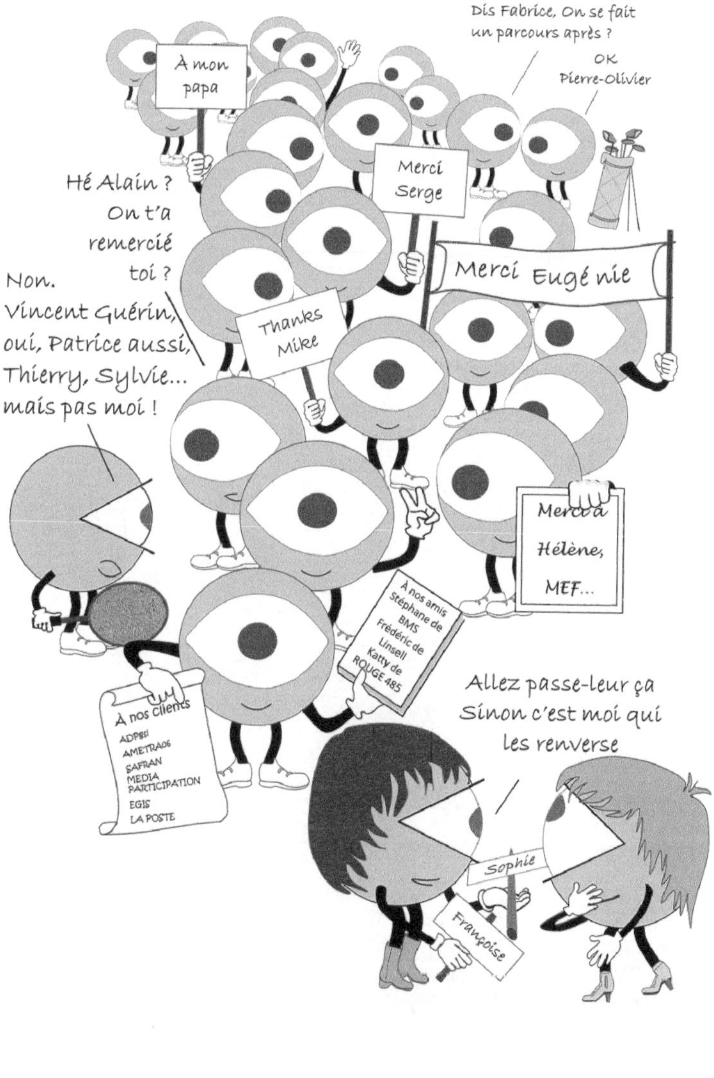

Comment aller plus loin avec la méthode Apter ?

Découvrir son profil motivationnel complet

Une centaine de praticiens sont qualifiés à l'utilisation de l'outil Échelle de Style Motivationnel d'Apter (questionnaire ESMA©) et peuvent donc en une ou plusieurs séances vous proposer un débriefing personnalisé du rapport ESMA. Retrouvez-les sur le site www.methodeapter.com/praticiens.

Se former à l'utilisation des outils de la méthode en accompagnement

Vous êtes commercial, manager, DRH, coach, entraîneur, professeur, éducateur, psychologue, ou médecin du travail, psychiatre..., et souhaitez élargir votre palette d'outils. Participez à la formation proposée par Apter-France. Retrouvez-nous sur www.methodeapter.com.

Approfondir ses connaissances et sa maîtrise technique

Visitez notre blog www.antiprisedetete.com et posez-nous vos questions. Participez aux journées d'approfondissement proposées sur le site www.methodeapter.com : « apprivoisez vos émotions », « managez avec les microclimats de performance », « les nouvelles motivations des clients »...

Bibliographie

Adams L. – *Communication efficace*, Paris, Le Jour, 1993.

Alexandre R. – *Notre entreprise est formidable, leçon de chose à l'usage des décideurs*, Paris, Payot, 1991.

Alexandre R. – *Bréviaire anticrise à l'usage des manageurs médusés par la rigueur des temps*, Paris, Payot et Rivages, 1993.

Apter M.J. – *Reversal Theory, the dynamics of motivation, emotion and personality.* Oxford, One World Press, 2007.

Apter M.J. (Ed.) – *Motivational Styles in Everyday Life: A Guide to Reversal Theory*, Washington, DC : American Psychological Association, 2001.

Apter M.J. – *Danger: Our Quest for Excitement.* Oxford, One World Publications, 2007.

Balta F., Szymanski G. – *Moi, toi, nous... Petit traité des influences réciproques*, Paris, InterEditions, 2013.

Csikszentmihalyi M. – *Flow*, New York, Molliebooks, 2008.

Delgery J.M., Vol F. – *Tennis, l'entraînement*, Paris, les Éditions du Plaisancier, 2001.

Ehrenberg A. – *La Société du malaise*, Paris, Odile Jacob, 2010, 2012.

Exley H. – *Golf ce n'est qu'un jeu*, Exley Eds, 2005.

Fenouillet F. – *La motivation*, Paris, Dunod, 2003.

Fernandez L. – *La pression* – Paris, Savoir gagner, 2001.

Festinger L., Riecken H., Schachter S., – *Échec d'une prophétie*, Paris, PUF, 1993.

Gabs, Jissey – *Communication, je me marre !!!*, Paris, Eyrolles, 1993.

Gabs – *Réunions, y'en a marre !!!*, Paris, Eyrolles, 2003.

Girod A. – *Golf, préparation mentale*, Paris, @mphora, 2002.

Goleman D. – *L'intelligence émotionnelle*, Paris, Robert Laffont, 1999.

Gordon T. – *Leaders efficaces*, Paris, Le Jour, 1992.

Hauvette D. – *Le Pouvoir des émotions*. Paris, Éditions d'Organisation, 2004.

Hirigoyen M.F. – *Le harcèlement moral*, Paris, Syros, 1998.

Joule R.V. , Bauvois J.L. – *Petit traité de manipulation à l'usage des honnêtes gens*, Grenoble, Presses Universitaires, 2002, 2012.

Kerr J.H. – *Counselling Athletes: applying reversal theory*, Spon Press, 2001.

Krishnamurti – *La première et dernière liberté*, Paris, Stock, 1992.

Le Deuff H. – *Entrainement mental du sportif*, Paris, @mphora, 2002.

Noah Y. – *Secrets, etc.* Paris, Plon, 1997.

Oddoux L. – *Les cinq dimensions du stress*, Paris, InterEditions, 2011.

Ortega J.M. – *Coaching*, Paris, Guy Trédaniel, 1998.

Perreaut-Pierre, E. – *La Gestion mentale du stress pour la performance sportive*, Paris, @mphora, 2000.

Perreaut-Pierre, E. – *Comprendre et pratiquer les Techniques d'Optimisation du Potentiel (TOP)*, Paris, InterEditions, 2012.

Pouget J. – *Intégrer et manager la génération Y*, Paris, Vuibert, 2010.

Reason J. – *L'erreur humaine*, Paris, PUF, 1993.

Rotella B. – *Jouer au golf sans viser la perfection* – Paris, Éditions de l'Homme, 1999.

Seligman, M. – *La fabrique du bonheur - La psychologie positive au quotidien*– Paris, InterEditions, 2011

Sempé – *Quelques meneurs d'hommes*, Paris, Denoël 1984, 2002.

Svebak S., Apter M.J. – *Stress and Health, a reversal theory perspective*, Taylor & Francis Inc., 1997.

Steiner C. – *L'ABC des émotions – Un guide pour développer force personnelle et intelligence émotionnelle*, Paris, InterEditions, 2011

Tauziat N. – *Les dessous du tennis féminin*, Paris, Plon, 2000.

Thévenet M. – *Le plaisir de travailler*, Paris, Éditions d'Organisation, 2000, 2004.

Ury W. – *Comment négocier avec les gens difficiles*, Paris, Seuil 1993, 2006.

Vincent J.-D., – *Biologie des passions*, Paris, Odile Jacob, 1986.

Wassner A. – *Se faire des amis*, Paris, Belfond, 1980.

Watzlawick P. – *Comment réussir à échouer*, Paris, Seuil, 1988.

TABLE DES MATIÈRES

Etat	sérieux	enjoué
valeur	résultat	viser
destin	atteindre	instant
	conforme	transgressif
	devoir	liberté
	s'intégrer	s'opposer
	soi	autrui
	moi	l'autre
	soi	autrui
	sympathie	maîtrise
	soin	pouvoir
	prendre soin	gagner

901381 – (II) – (0,3) – OSB 90° – PCA – JRF

Dépôt légal : février 2014 – Suite du tirage : mai 2015

Achevé d'imprimer par la Nouvelle Imprimerie Laballery
58500 Clamecy
N° d'impression : 504370

Imprimé en France

La Nouvelle Imprimerie Laballery est titulaire de la marque Imprim'Vert®

1000 / 9 111,11

6 / 3

120

= 840

666,66 333,33

666 150 (-80 %)

816

820